L'affaire Daval

Aude Bariéty

L'affaire Daval

éditions du
ROCHER

Éditions du Rocher
28, rue Comte-Félix-Gastaldi - BP 521 - 98015 Monaco

www.editionsdurocher.fr

ISBN : 978-2-268-10462-1
EAN Epub : 9782268104676

À Ambroise, Wally et Charles,
mes relecteurs et infatigables soutiens.

Liste des protagonistes

Alexia Daval : née Fouillot le 18 février 1988 à Gray (Haute-Saône), Alexia épouse Jonathann Daval le 18 juillet 2015 dans la même ville. La jeune banquière au Crédit Mutuel est décédée dans la nuit du 27 au 28 octobre 2017 à son domicile de Gray-la-Ville. Son corps, en partie calciné, est retrouvé le 30 octobre 2017 dans un bois.

Jonathann Daval : né le 16 janvier 1984, Jonathann fait un BTS informatique à Besançon puis entre chez Fourot, une société d'informatique et de bureautique grayloise. En janvier 2018, il est placé en garde à vue puis mis en examen pour le meurtre de sa femme Alexia. Son procès devant la cour d'assises de la Haute-Saône et du Territoire de Belfort est prévu pour mi-novembre 2020.

Isabelle Fouillot : mère de Stéphanie et d'Alexia, elle est d'abord caissière avant de devenir propriétaire du bar-PMU *La Terrasse*, à Gray, avec son époux Jean-Pierre Fouillot. Personnage crucial dans l'affaire Daval, c'est elle qui, à plusieurs reprises, permet des avancées dans l'enquête en faisant « craquer » son gendre Jonathann.

Jean-Pierre Fouillot : issu d'une famille nombreuse, Jean-Pierre Fouillot travaille pendant plus de trente ans à l'usine Thomson de Gray. Le père de Stéphanie et Alexia reprend ensuite le bar *La Terrasse* avec sa femme Isabelle. Le couple cède son établissement en février 2019.

Stéphanie Gay : fille aînée de Jean-Pierre et Isabelle Fouillot. Née cinq ans avant sa sœur Alexia, elle est institutrice en région parisienne. Elle a un garçon et une fille de son mariage avec Grégory Gay.

Grégory Gay : originaire de Gray comme son épouse Stéphanie, avec laquelle il a deux enfants, il est ingénieur de recherches. Lors de l'été 2018, il est accusé par son beau-frère Jonathann d'avoir tué sa belle-sœur Alexia.

Martine Henry : née Cussey, elle épouse Jean Daval avec lequel elle a six enfants, dont Jonathann. De sa deuxième union, avec Florent Henry, naît un septième enfant. Elle habite à Velet, près de Gray, et n'a jamais cessé de soutenir son fils Jonathann.

Me Jean-Marc Florand : conseil originel des proches d'Alexia, l'avocat inscrit au barreau de Paris n'est aujourd'hui plus impliqué dans le dossier.

Me Gilles-Jean Portejoie : l'ancien bâtonnier de Clermont-Ferrand est le conseil du couple Gay depuis l'été 2018 ainsi que du couple Fouillot depuis décembre 2019.

Me Randall Schwerdorffer, Me Ornella Spatafora et Me Samuel Estève : trio de défenseurs de Jonathann Daval. Les deux premiers sont avocats au barreau de Besançon ; le troisième est inscrit au barreau de Dijon.

Rodolphe Uguen-Laithier et Marjolaine Poinsard : juges d'instruction de Besançon qui se sont succédé dans le dossier Daval. L'affaire a été instruite à Besançon en raison de l'absence de pôle criminel à Vesoul.

Edwige Roux-Morizot et Étienne Manteaux : procureurs successifs de la République de Besançon pendant l'affaire Daval.

Emmanuel Dupic : procureur de la République de Vesoul, où aura lieu le procès de Jonathann Daval.

Yvan Guignot : depuis 2008, ce retraité sexagénaire est maire de Gray-la-Ville, commune où habitaient Alexia et Jonathann Daval.

Christophe Laurençot : maire de Gray depuis 2014, le quinquagénaire gère par ailleurs un foyer de jeunes issus de la protection de l'enfance.

Marie-Françoise Miallet : mère de deux enfants, la septuagénaire est la voisine et l'amie des Fouillot depuis trente ans. Cette enseignante à la retraite est par ailleurs élue au conseil municipal de Gray.

Cindy Antoine : voisine et amie d'enfance d'Alexia, la trentenaire, mère de deux enfants, est aide-comptable dans une société agricole.

Ce samedi qui n'a jamais existé

Un réveil aux aurores au lendemain d'une soirée raclette en famille. Un petit déjeuner devant une série. Un passage à la salle de bains pour enfiler T-shirt, short et baskets. Un câlin à Jonathann, un message à Stéphanie : « Hello, tout le monde debout ! Je vais aller courir un coup, je passerai peut-être vous faire un coucou si je suis motivée. Bisous. »

Voici comment aurait pu se dérouler une matinée ordinaire dans la vie d'Alexia Daval.

Mais ce samedi 28 octobre 2017, la jeune femme de 29 ans n'a pas regardé d'épisode de *The Grinder* en dégustant une salade de fruits, n'a pas embrassé son mari, n'a pas écrit à sa sœur, n'est pas sortie faire un jogging dans les alentours de sa commune de Gray-la-Ville, en Haute-Saône.

Et pour cause : Alexia était déjà morte.

Le drame

Le drame est survenu dans la nuit du vendredi 27 au samedi 28 octobre 2017.

Ce vendredi-là, le parlement de la Catalogne vote en faveur de l'indépendance vis-à-vis de l'Espagne. La joueuse de tennis Caroline Garcia se qualifie pour les demi-finales du Masters de Singapour, une première pour une Française depuis 2006. Le président Emmanuel Macron poursuit son déplacement en Guyane, six mois après un mouvement social d'ampleur qui a secoué le territoire ultra-marin. La quatrième semaine du procès d'Abdelkader Merah, le frère du tueur au scooter de Toulouse et Montauban, touche à sa fin. La baignade est interdite sur plusieurs plages du Morbihan en raison de la présence de physalies, animaux marins venimeux.

À Gray (Haute-Saône), Jean-Pierre et Isabelle Fouillot, 61 et 57 ans, ne se préoccupent cependant guère de l'actualité nationale et internationale. Comme tous les jours, ils ont ouvert tôt dans la matinée le bar-tabac-PMU situé sur les quais de Saône qu'ils gèrent depuis une douzaine d'années, et le travail ne manque pas. Les époux ont d'ailleurs l'esprit occupé par un événement familial qu'ils attendent impatiemment. Le soir même, ils ont invité leurs deux filles, leurs époux respectifs et leur unique petit-fils à un dîner raclette à leur domicile.

Leur aînée, Stéphanie, âgée de 34 ans, est institutrice. Elle vit en banlieue parisienne et est revenue dans la région pour les vacances de la Toussaint avec son mari Grégory Gay, ingénieur de recherches, et leur fils de 3 ans. Leur cadette, Alexia, habite à Gray-la-Ville, avec son époux Jonathann Daval. À 29 ans, la jeune femme travaille dans une agence bancaire du Crédit Mutuel à Planoise, un quartier périphérique de Besançon. En cette fin du mois d'octobre, elle a pris une semaine de congés pour profiter de sa sœur et de son neveu.

« Je comptais passer une semaine cool avec mes deux filles, les emmener faire les magasins et les gâter », se souvient Isabelle Fouillot. Pour bien commencer ces quelques jours en famille, la Grayloise quitte un peu plus tôt que de coutume son bar-PMU, *La Terrasse*. « J'étais heureuse de rentrer à la maison pour tout préparer, pour que tout le monde soit bien. »

Plus tard, Jean-Pierre Fouillot, reconnaissable de loin à sa moustache blanche fournie, rentre chez lui après avoir fermé son établissement. Alexia, qui ne travaillait pas ce jour-là, est quant à elle arrivée chez ses parents peu avant 20 h 15, après un passage à la piscine municipale des Capucins. Stéphanie, Grégory et leur petit garçon sont également déjà présents. Seul Jonathann Daval, qui est salarié dans une entreprise d'informatique et de bureautique de la ville, manque à l'appel. « On lui a téléphoné pour savoir où il en était. Il est arrivé dans le quart d'heure », précise Isabelle Fouillot.

Une fois les trois couples réunis dans la pièce à vivre de la maison des Fouillot, chacun s'installe dans le coin salon. Lorsqu'il fait encore jour, la vue complètement dégagée sur les champs alentour qu'offre la porte-fenêtre donnant sur la terrasse est magnifique ; mais en cette soirée d'automne, le soleil est couché depuis longtemps. Les hôtes débouchent une bouteille de champagne et servent les deux jeunes ménages. L'attention de tous les adultes est focalisée sur le seul enfant présent, le jeune fils de Grégory et Stéphanie Gay. « On était tellement heureux de le voir... On lui a offert un cadeau et on l'a regardé l'ouvrir », reprend la mère de Stéphanie et Alexia. Puis la famille au grand complet passe à table, à l'autre extrémité de la pièce.

Alexia s'assied en bout de table, Jonathann à ses côtés. Les Fouillot s'installent en face, près de la porte menant à la cuisine. Les Gay se répartissent les places qui restent. Difficile, aujourd'hui, de se représenter la scène plus en détail, car les Fouillot ont fait réaliser des travaux au début de l'année 2020. « Avant, il y avait du papier peint clair, une table plus ancienne, une cheminée... », décrit la maîtresse de maison. Désormais, la pièce se veut résolument moderne. Seuls subsistent le piano et le sol en dalles claires.

Le dîner se déroule dans une ambiance agréable. « C'était une soirée tout ce qu'il y a de plus normal. Tout était bien. On n'a senti aucune tension, rien du tout », remarque *a posteriori* Jean-Pierre Fouillot. Après la raclette, place aux deux desserts préparés par Alexia. « Elle avait du temps ce jour-là, donc elle m'avait envoyé un texto pour me demander si j'avais besoin d'aide », se rappelle sa mère. « Elle avait fait une salade de fruits. Elle et son père en raffolaient mais elle savait que moi, je n'adore pas ça, alors elle avait aussi fait un riz au cacao. C'est mon dessert d'enfance, celui que ma mère me faisait... Je ne sais même pas si j'en mangerai à nouveau un jour », conclut-elle, la gorge serrée.

Après le repas et le café, la soirée ne traîne pas en longueur. Le lendemain, Jean-Pierre Fouillot doit se lever à cinq heures du matin pour ouvrir son bar. Les membres de la famille savent aussi qu'ils ont la semaine devant eux pour se retrouver. Après avoir tout rangé et remis en ordre, les Fouillot et les Gay saluent les Daval, puis montent se coucher. « C'est la dernière fois que j'ai dit au revoir à Alexia... En une nuit, tout a basculé », pleure Isabelle Fouillot.

Jonathann et Alexia Daval décident de laisser la voiture de la jeune femme sur place et montent dans celle du jeune homme. À 23 h 47, une caméra de surveillance capte des images du couple dans l'habitacle du véhicule, qui circule alors sur l'immense place des Tilleuls, située à un kilomètre et demi du domicile des Fouillot et un kilomètre de celui des Daval.

C'est la dernière fois qu'Alexia est vue vivante.

La suite, seul Jonathann la connaît. Et le moins que l'on puisse dire, c'est que ses déclarations à ce sujet sont changeantes… Lors de la reconstitution des faits, le 17 juin 2019, il assure finalement qu'après être rentré chez lui avec sa femme, il a refusé d'avoir un rapport sexuel avec elle, et qu'une dispute a ensuite éclaté.

« Il ment, il ment, il ment ! s'exclame aujourd'hui sa belle-mère. Qu'il dise qu'elle lui a demandé un rapport sexuel, c'est archi-faux. Parce qu'une jeune femme qui, en rentrant d'un dîner, prend un Stilnox (un somnifère retrouvé dans le sang d'Alexia après sa mort, N.d.l.A.), ce n'est pas pour aller faire l'amour, c'est pour aller se coucher. Seule Happy, la chatte d'Alexia et Jonathann, sait ce qu'il s'est vraiment passé. Elle a probablement assisté à tout. Si elle pouvait nous parler… »

Le déroulé de la fin du drame ne fait en revanche que peu de doutes, puisque les affirmations de Jonathann Daval sont corroborées par les conclusions des médecins légistes. Le trentenaire aurait frappé Alexia au visage à plusieurs reprises avant de l'étrangler. Le lendemain, aux aurores, il aurait déposé le cadavre de son épouse dans un bois et aurait tenté de le brûler. Puis il serait rentré chez lui, avant de faire mine de s'inquiéter de la disparition d'Alexia… Ainsi commence l'« affaire Daval ».

Le petit univers graylois

C'est en Haute-Saône que tout a commencé, c'est en Haute-Saône que tout s'est terminé. Alexia et Jonathann sont tous deux des enfants du pays graylois, tout comme de nombreux protagonistes de l'affaire : la sœur d'Alexia, Stéphanie Fouillot, et son mari Grégory Gay ; Jean-Pierre et Isabelle Fouillot, les parents de la jeune femme ; mais aussi Christophe Laurençot, le maire de Gray, Yvan Guignot, le maire de Gray-la-Ville, Marie-Françoise Miallet, la voisine et l'amie des Fouillot, Cindy Antoine, l'amie d'enfance d'Alexia… « On est des purs Graylois. On est nés à Gray, on est allés à l'école à Gray, on s'est mariés à Gray… », énumère Isabelle Fouillot, amusée. « On n'a jamais bougé », complète son mari sur le même ton.

À Gray même vivent environ 6 000 habitants, un nombre en baisse constante depuis le début des années 1980. 20 000 personnes résident dans la communauté de communes Val-de-Gray, qui compte 48 localités, parmi lesquelles Esmoulins, Gray-la-Ville et Velet, qui auront toutes trois leur importance dans ce récit. Située en Bourgogne-Franche-Comté, Gray est équidistante des deux métropoles régionales, Dijon et Besançon. Soixante kilomètres la séparent par ailleurs de Vesoul, où aura lieu le procès de Jonathann Daval en novembre 2020. La ville est l'un des poumons économiques et urbains du département de la Haute-Saône.

Ici, tout le monde connaît tout le monde. On s'arrête pour discuter sur le pas de sa porte, devant les commerces, au marché du samedi matin. On laisse volontiers son portail ouvert. On fait partie d'une ou plusieurs associations où l'on retrouve ses amis et voisins. Un esprit de communauté très fort qui transparaît dans cette réflexion du maire de la commune, Christophe Laurençot : « Je ne dis pas que je connais les 6 000 habitants de la ville, mais quand je vois un visage inconnu, je le remarque. Je me demande si c'est un nouvel habitant, si c'est quelqu'un qui vient chercher ici quelque chose qu'il ne trouve pas ailleurs ou si c'est un touriste », glisse le quinquagénaire, graylois de toujours et maire depuis 2014.

« Gray, c'est une petite ville avec l'essentiel, et il y a des grandes villes pas très loin si on a besoin d'autre chose. C'est vraiment un endroit où il fait bon vivre, où il fait bon élever des enfants », estime quant à elle Marie-Françoise Miallet, 70 ans, « pur produit graylois » et élue municipale depuis 2008. « Ici, c'est un échantillon de la société française. Toutes les catégories socio-professionnelles sont représentées », reprend Christophe Laurençot, qui décrit

« une commune sereine, mais aussi de passage », avec les avantages et les inconvénients que cela peut impliquer. « Il ne faut pas se voiler la face : nous avons du trafic de stupéfiants, notamment la nuit. Il faut veiller au grain », confie-t-il.

Dans la commune coexistent une ville haute et une ville basse. La première, cœur historique de Gray, est constituée de rues fraîches et calmes, au détour desquelles surgissent parfois de magnifiques bâtiments anciens. L'hôtel de ville, à la toiture de tuiles vernissées polychromes, jouxte l'église Notre-Dame de Gray, construite aux XVe et XVIe siècles et érigée basilique en 1948 par le pape Pie XII. Si quelques commerces subsistent encore, beaucoup sont aujourd'hui en déshérence. Les vitrines vides font concurrence aux maisons à vendre : partout, des panneaux « Véran Immobilier » d'un jaune agressif attirent le regard.

« C'est là où le bât blesse, reconnaît Marie-Françoise Miallet. C'est un peu le problème de toutes les petites communes. Nous avons prévu un gros chantier pour restructurer et redynamiser le cœur de ville pendant notre nouveau mandat. Nous voulons construire des logements de bon standing, créer un îlot vert, faire revenir l'école de musique qui est aujourd'hui totalement excentrée... » Le maire Christophe Laurençot promet : « C'est à nous de changer tout ça, et on va le faire ! »

La ville haute est reliée par plusieurs rues et escaliers à la ville basse, qui épouse les bords de Saône. Ici, Gray se fait plus dynamique, plus moderne. Boulevard des Grands-Moulins et place du Quatre-Septembre se succèdent une enfilade d'agences bancaires et de compagnies d'assurance – Crédit Agricole, Crédit Mutuel, Banque Populaire, Axa, Maaf – et quelques bars-restaurants. Parmi eux, le bar-PMU *La Terrasse*, qui a appartenu douze ans durant à Jean-Pierre et Isabelle Fouillot, les parents d'Alexia, avant d'être racheté. Un peu plus loin, un hôtel deux étoiles célèbre pour ses soirées cabaret, *Au Mastroquet*, surplombe la Saône. Un pont sur lequel des drapeaux flottent au vent permet de traverser le cours d'eau pour rejoindre Arc-lès-Gray, où se situe la gare – qui ne sert plus aujourd'hui qu'au trafic de marchandises.

Sur le même bord de la Saône que Gray se trouve Gray-la-Ville, une commune périphérique essentiellement résidentielle de près de mille habitants – « 986 exactement », précise le maire Yvan Guignot, 64 ans. La commune est divisée en trois zones distinctes. D'abord, le bourg ancien, avec en son centre l'église, la mairie et l'école primaire, et un peu plus loin le seul gros employeur de la commune, la fromagerie Mauron. Ensuite, le bucolique hameau d'Essertey, situé en bord de Saône. Enfin, un ensemble de plusieurs dizaines de maisons contiguës à Gray, datant en majorité des années 1960-1970. « Les quartiers du dessus », selon l'expression d'Yvan Guignot.

C'est ici, rue de Sonjour, que Jonathann et Alexia Daval habitaient. Au niveau du gymnase Sonjour, la longue artère forme un angle droit. Quelques pas plus loin apparaît la maison la plus tristement célèbre de la Haute-Saône. Un pavillon des années 1970, avec un garage en rez-de-chaussée, un étage peint en rose pâle et des volets blancs aujourd'hui toujours fermés – trois ans après le drame, la maison est encore sous scellés. À droite, sur une barrière, un panneau rappelle qu'il s'agit d'une propriété privée, et qu'il n'est pas question de s'y aventurer. Derrière, on devine une piscine, celle qu'Alexia désirait ardemment et qui fut creusée peu de temps avant sa mort.

Le calme absolu de cette rue résidentielle n'est troublé que par le piaillement des oiseaux, le ronflement d'un moteur de voiture quittant un garage ou le tressautement d'une tronçonneuse. Et parfois, à intervalles irréguliers, par un ou plusieurs reporters envoyés sur place pour couvrir la dernière avancée de l'affaire.

Mais de manière générale, même si le drame s'est joué à Gray-la-Ville, c'est Gray qui a pris toute la lumière. Ce qui n'est pas pour déplaire à Yvan Guignot. « Quand on ne connaît pas le secteur, on ne fait pas la différence entre les deux communes. Nous sommes habitués à ce que Gray-la-Ville soit occultée, souligne le maire. Mais quelque part, j'aime autant qu'on ne parle pas de nous.

Je n'ai jamais cherché à ce qu'on médiatise notre commune, et encore moins par rapport à ce genre de choses. »

C'est donc principalement à Gray que se rendent les curieux. À chaque actualité judiciaire, la paisible ville revient sur le devant de la scène médiatique. « L'affaire Alexia, ça fait partie de notre histoire, qu'on le veuille ou non, philosophe Christophe Laurençot. Désormais, les gens des quatre coins de la France connaissent Gray, nous sommes malheureusement célèbres à travers ce drame. J'aurais préféré qu'on soit connus pour autre chose, mais c'est comme ça, et il faut faire avec. »

Tous ses administrés ne partagent cependant pas cet avis. La plupart des habitants rechignent à évoquer le drame avec des étrangers, et les sourires s'effacent lorsqu'un journaliste évoque les noms d'Alexia ou de Jonathann Daval. Les commerçants, en première ligne, se montrent parfois même hostiles lorsque le sujet est abordé – d'autant plus que certains sont des proches de Jean-Pierre et Isabelle Fouillot. En revanche, entre Graylois, dans les bistrots, lors des repas de famille ou des soirées entre amis, le sujet est sur toutes les lèvres. Car tous, ici, connaissent de près ou de loin les protagonistes de l'affaire.

Les jeunes années

Né le 16 janvier 1984 à Gray, dernier d'une famille de six enfants, Jonathann n'a que 2 ans quand son père quitte sa mère. Chacun des deux parents refait sa vie. Jean Daval meurt d'un accident cardiaque alors que Jonathann est adolescent, un drame qui marquera durablement le jeune garçon. De son côté, Martine Cussey a un septième enfant, Émeric, avec un certain Florent Henry, qui élève Mickaël, Yohann, Cédric, Aurore, Stéphanie et Jonathann comme ses propres enfants.

Les proches de Jonathann le décrivent comme un garçon discret et sans histoire. Tous évoquent toutefois son caractère soigneux et ordonné, voire maniaque. L'expert psychiatre chargé de l'examiner relève d'ailleurs « une dysharmonie non psychotique durant l'enfance qui s'est traduite par une névrose obsessionnelle infantile avec des rites de vérification ou troubles obsessionnels compulsifs. [...] À l'âge adulte, cela a évolué sur le mode de la personnalité obsessionnelle avec également des troubles obsessionnels compulsifs. »

Difficile d'en savoir plus sur l'enfance et l'adolescence de Jonathann ; la mère du jeune homme n'a pas souhaité s'exprimer. Les avocats du suspect invoquent une « mauvaise expérience avec une journaliste ». Notons tout de même que la famille Henry-Daval vit modestement à Velet, une petite commune de 400 habitants située à quatre kilomètres de Gray. « Ce ne sont pas des gens simplets, mais simples. Ils ne sont pas dans l'ostentatoire, ils sont plus axés sur les valeurs familiales que sur le paraître », décrit Me Randall Schwerdorffer, l'un des trois avocats de Jonathann, dans une attaque à peine dissimulée contre le mode de vie de la partie adverse, les Fouillot.

La famille d'Alexia n'habite qu'à quelques kilomètres des Henry-Daval, mais un monde les sépare. « Il y a une vraie dichotomie entre les deux familles. Les Fouillot, c'est un autre standing. Jonathann a été un peu séduit par ce monde-là », glisse Me Schwerdorffer. « Cette affaire, c'est une vraie fresque sociale », estime un autre acteur du dossier.

Jean-Pierre et Isabelle Fouillot ont pourtant eux aussi commencé modestement avant de s'élever socialement au fil des années. Lui, issu d'une famille nombreuse et ouvrière, est employé dans l'usine Thomson de Gray. Elle, fille d'un artisan qui possède sa propre petite entreprise, est caissière dans un hypermarché Casino.

Ils se rencontrent en boîte de nuit – « là où allaient tous les jeunes de Gray » – et se marient en 1981. « Huit jours avant Lady Di », sourit Isabelle Fouillot. « Mais nous, on est toujours là ! », rebondit son mari. « Oui, mais on n'a plus Alexia… » s'effondre la sexagénaire. Leurs sourires se figent, les larmes montent, leurs mains se cherchent et se serrent. Chez les Fouillot, il en est ainsi depuis octobre 2017. Chaque phrase, chaque objet, chaque lieu peut à tout instant leur rappeler leur cadette. Alors éclate la douleur, poignante, de ces parents privés d'une de leurs filles.

Le 11 mai 1983 naît Stéphanie, la première fille du couple. Lorsque cette dernière atteint l'âge de 4 ans, les Fouillot quittent leur HLM du quartier prioritaire des Capucins et s'installent dans une maison située dans une impasse résidentielle, à quelques centaines de mètres de là. « Cette maison, on l'a depuis un an de plus qu'Alexia », résume joliment le père de famille. Le 18 février 1988, Alexia vient au monde. Ce sera le dernier enfant des Fouillot.

L'impasse où la famille a élu résidence compte une quinzaine de pavillons soigneusement entretenus. Leurs habitants forment une communauté soudée. « Les gens se recevaient facilement mutuellement. Quand l'un partait en vacances, il donnait les clés à son voisin qui faisait un peu de gardiennage, arrosait les fleurs, tout ça », illustre

Cindy Antoine, 34 ans, qui fut la voisine des Fouillot et l'amie d'enfance d'Alexia.

Très vite, les enfants de l'impasse – Cindy, Stéphane, Nadège, Julien, Caroline, Benoît, Mickaël, Stéphanie, Alexia... – constituent à leur tour une petite bande joyeuse, toujours fourrée dans le jardin de l'un, dans le salon de l'autre ou sur la place carrée située tout au bout de la rue. Cindy et Alexia, les deux plus jeunes de ce groupe d'enfants pour la plupart nés dans la première moitié des années 1980, ne se quittent pas. « On l'appelait souvent Alex ; moi, c'était Bidoche, rit franchement Cindy. Elle était très intelligente, gentille, douce. Pas du tout timide, ça non ! »

Les deux filles se fréquentent d'autant plus que les Antoine et les Fouillot se lient rapidement d'amitié. « Nos parents avaient presque le même âge. En plus, Jean-Pierre et ma mère travaillaient ensemble chez Thomson, décrit Cindy. Les parents de Stéphanie et Alexia étaient invités pour nos communions et à certains de nos anniversaires, et en retour nous étions invités à leurs fêtes familiales. Quand j'allais avec ma mère en ville, Alexia nous accompagnait. Et quand Jean-Pierre organisait des sorties en bateau sur la Saône pour faire du ski nautique, j'y allais. Enfin, moi je restais sur le bateau, ça me suffisait ! À l'école, on se voyait moins ; on avait deux ans d'écart, donc on n'était pas dans la même classe. Mais dans le quartier, on était inséparables. »

Petites, Cindy et Alexia jouent à la maîtresse, à la dînette, aux poupées… « Je me revois promener les landaus dans la rue avec Alexia », se souvient la jeune femme. Avec les autres enfants de l'impasse, elles jouent à ce que le petit groupe appelle la "balle au 31", plus connue sous le nom de "gamelle". « Tout le monde courait se planquer dans les jardins. On avait nos cachettes », raconte Cindy.

« Alexia, c'était un peu la petite sœur de ceux qui n'en n'avaient pas. Elle était mignonne, pleine de vie, solaire. C'était une petite gamine à l'aise, qui suivait bien le restant de la troupe. Ils ont joué ensemble, ils ont grandi ensemble, ils ont "flirtaillé" ensemble… », sourit Marie-Françoise Miallet, qui s'est installée dans l'impasse en 1991 avec ses deux enfants. Le sourire de celle qui est désormais septuagénaire s'efface soudainement lorsqu'elle rapporte le cri du cœur de son fils aîné après la mort de la jeune femme : « En tuant Alexia, Jonathann a assassiné notre enfance », lui a-t-il confié.

Mais à l'époque, loin du drame de l'année 2017, la vie s'écoule paisiblement à Gray. Stéphanie et Alexia, qui s'entendent très bien aux dires de leurs parents, enchaînent l'école maternelle des Capucins, l'école primaire Moïse-Lévy, le collège Romé-de-l'Isle, le lycée Cournot. « Jusqu'au lycée, on pouvait tout faire à pied, c'était très pratique », commente Isabelle Fouillot. À l'heure du déjeuner et à la sortie des cours, ce sont les grands-parents qui s'occupent des deux sœurs pendant que les parents travaillent. « Elles ont eu une enfance heureuse, en osmose avec leurs grands-parents », estiment les Fouillot.

La grand-mère maternelle de Stéphanie et Alexia, qui habite au 18, rue de Sonjour à Gray-la-Ville, accueille aussi avec plaisir les plus proches camarades de ses petites-filles. Avec Alexia, Cindy y a ainsi passé des après-midi entiers. « Mes parents travaillaient tard et mes grands-parents n'habitaient pas à Gray. Alors Isabelle Fouillot nous y déposait quand elle partait bosser. Je me rappelle, c'était le top ! Les courses avec la mamie, quand on poussait fièrement nos petits caddies, les goûters, les jeux… » se remémore avec nostalgie celle qui vit toujours dans le bassin graylois.

Alexia pratique peu d'activités extra-scolaires, à part du badminton et de la natation. Mais « c'était une jeune femme très complète », selon son père. Elle aime aller à la bibliothèque et lire – « beaucoup de thrillers, comme moi », commente sa mère. Elle qui vient d'une « famille d'épicuriens » apprécie cuisiner. « Ma mère cuisinait beaucoup, mon père adorait le vin… Les filles ont baigné dans cette culture-là », continue Isabelle Fouillot.

La famille Fouillot joue très souvent à des jeux de société, une passion qui ne quittera pas Alexia, même devenue adulte. « Quand les filles étaient petites, on commençait une partie de Monopoly sur la grande table du salon, et on pouvait l'y laisser trois jours ! On partait faire autre chose, se promener, travailler, on y revenait toujours », se souvient Isabelle Fouillot.

La jeune fille aime aussi bricoler avec son père. L'émotion afflue lorsque Jean-Pierre Fouillot raconte que c'est elle qui, au début de l'adolescence, a entièrement réarrangé sa chambre. « Récemment, on a tout refait dans la maison, sauf la chambre d'Alexia. On n'y a pas touché. » Pour accéder à la pièce en question, il faut traverser l'entrée de cette maison moderne, grimper l'escalier, puis ouvrir la première porte à droite en arrivant à l'étage.

Un mur violet, couleur qu'Alexia adorait. Au fond, un bureau jadis jonché de cahiers, sur lequel sont désormais exposées de multiples photos d'Alexia à tout âge. Sous la fenêtre qui donne sur l'impasse, une banquette garnie de coussins, sur laquelle on imagine sans peine la jeune fille assise, un livre à la main. Des étagères garnies de CD, de Céline Dion ainsi que d'autres chanteurs en vogue dans les années 1990 – « Toutes les deux, on écoutait beaucoup les 2Be3 et Worlds Apart », confie Cindy Antoine. Une armoire-penderie où reposent encore les vêtements de la disparue. « Je la revois avec des jeans, T-shirts, chemisiers, robes... Elle s'habillait simplement. En grandissant, elle devenait de plus en plus coquette », se souvient l'amie d'Alexia.

Au sol, une gamelle d'eau et une autre de croquettes. La pièce est devenue l'antre de Tequila, la chatte de la famille – « un chat de bar », sourit Isabelle Fouillot. Depuis trois ans, Tequila doit d'ailleurs partager ses maîtres avec Happy, la chatte d'Alexia et Jonathann. Happy, star du compte Facebook d'Alexia, au point de figurer seule sur la photo de profil de sa maîtresse. Happy, « le seul être qui nous rattache encore à Alexia », déclarent les Fouillot d'une même voix.

Retour dans les années 1990. Adolescentes, Stéphanie et Alexia invitent leurs amis d'école et du quartier à profiter de leur maison, et surtout de la piscine que leurs parents ont fait construire. « Elles adoraient la piscine. C'était le point de ralliement de tout le monde. L'été, on mettait un filet de volley, ils étaient huit ou neuf à jouer dans l'eau. C'était le bonheur », souligne leur mère. « Notre maison, c'était un peu le PC du quartier. Il y avait tout un noyau de jeunes. C'était très bien pour nous parce qu'on savait nos filles là, elles n'étaient pas ailleurs. C'était un gros souci de moins », glisse leur père. Sans le savoir, Marie-Françoise Miallet utilise presque les mêmes mots : « L'avantage, c'est que les jeunes étaient bien là, ils ne cherchaient pas à sortir. »

Isabelle Fouillot est désormais caissière centrale ; Jean-Pierre Fouillot évolue dans son usine, qui compte jusqu'à mille employés. « Au départ, j'étais tourneur-fraiseur, ensuite je suis devenu agent de maîtrise responsable du service après-vente de tout ce qui était machines de production, et enfin j'ai travaillé avec le laboratoire sur des prototypes. » En 2005, un licenciement économique vient mettre fin aux trente-et-un ans de carrière du Graylois chez Thomson. « Il y a eu un premier wagon de 200 personnes, et dans les cinq ans qui ont suivi, l'usine a totalement fermé. »

Jean-Pierre et Isabelle changent alors radicalement de vie en décidant de racheter un bar situé place du Quatre-Septembre, dans la ville basse, en bordure de Saône. « On vivait bar, on mangeait bar, on dormait bar. C'était non-stop », se souvient la mère de famille. Sept jours sur sept, de 6 heures du matin à 8 heures du soir, sans compter le temps consacré à gérer les commandes ou compter les caisses, le duo gère *La Terrasse* à l'aide de deux à trois employés. Il s'occupe du bar, elle de la restauration. « On avait fait un gros emprunt. Alors pendant sept ans, le temps qu'on rembourse tout, on n'a pas pris de vacances », affirme Isabelle. « Je travaillais quatre-vingt-dix heures par semaine ; ma femme, soixante-dix », renchérit Jean-Pierre.

En 2008, Michel Alliot, maire (UMP) de Gray depuis dix ans, propose à Isabelle Fouillot d'intégrer sa liste pour les municipales. « Il savait de quelle famille politique j'étais – on va dire de droite. Il avait besoin d'une femme et d'une commerçante, sourit-elle. J'ai tout appris sur le tas. C'était très intéressant de comprendre comment fonctionnait la ville, et ça m'a permis de rencontrer plein de gens. Je n'avais pas vraiment le temps de m'impliquer à fond, avec le bar, mais j'étais présente à tous les conseils. » Lorsqu'en 2014, Christophe Laurençot prend la succession de Michel Alliot, Isabelle Fouillot est à nouveau sur la liste des candidats.

Peu à peu, les Fouillot deviennent des personnalités locales importantes. Mais l'image de "notables" qui leur colle désormais à la peau leur fait grincer des dents. « Nous n'avons pas l'impression d'être des notables ! En tout cas, pas dans le sens péjoratif où certains l'entendent, s'exclame le père d'Alexia. On nous a traités de bourges parce qu'on a une piscine, parce quand j'ai eu 60 ans je me suis offert une Porsche d'occasion dont je rêvais depuis toujours… Mais toutes ces années, moi, je n'étais pas à la pêche, à la chasse ou à ne rien faire : j'étais au boulot ! »

La mère d'Alexia insiste : « Nous avons réussi grâce à notre travail et nous ne devons rien à personne. » Ce que leurs proches s'empressent de confirmer. « Ici, Isabelle et Jean-Pierre sont super appréciés. S'ils en sont là, c'est grâce à leur travail. Ils n'ont jamais compté leurs heures ! Les personnes qui les jugent là-dessus sont soit des gens qui ne les connaissent pas, soit des jaloux », estime Christophe Laurençot. « Oui, c'est de la jalousie, opine Marie-Françoise Miallet, voisine et amie du couple. Isabelle vient d'une famille d'artisans, Jean-Pierre d'un milieu ouvrier. Ils ont travaillé toute leur vie et ont réussi. Qu'on les traite de nantis, c'est un truc de fou ! »

La vie familiale des Fouillot pâtit évidemment du rythme soutenu imposé par la gestion du bar. Heureusement, leurs filles sont désormais grandes. Stéphanie, 22 ans, a quitté la Haute-Saône pour faire des études scientifiques à Besançon, avant de suivre son futur mari, Grégory, en région parisienne et de devenir institutrice. « Stéphanie avait envie de bouger, de partir. Elle avait ça en elle, ça ne lui faisait pas peur d'aller à droite, à gauche, à Besançon, à Paris… Contrairement à Alexia, qui n'avait pas besoin de s'en aller loin et était très attachée à Gray. »

Alexia, 17 ans, est quant à elle encore au lycée. Elle vient souvent « donner des coups de main » à ses parents. « Quand j'ai perdu ma maman, c'est elle qui m'a remplacée au bar, je ne pouvais pas travailler, relate Isabelle Fouillot. Elle aimait rendre service, faire plaisir. Elle nous a fait de belles surprises. Elle était très attachée à notre famille. C'était notre rayon de soleil… »

La jeune fille est désormais moins proche de Cindy, qui a quitté la maison familiale après son bac pro secrétariat pour s'installer à Vesoul. « On a pris notre envol chacune de notre côté », résume celle qui est aujourd'hui aide-comptable dans une coopérative agricole.

En 2006, Alexia passe son bac scientifique, qu'elle obtient au rattrapage. « Autant Stéphanie avait des facilités, autant Alexia, il fallait qu'elle bûche », soulignent en chœur Jean-Pierre et Isabelle Fouillot. À son tour, elle quitte Gray pour entamer une licence de psychologie à Besançon. Elle ne s'y installe pas seule, mais avec son premier amour : Jonathann Daval.

Rencontre et vie de couple

Alexia fait la connaissance de Jonathann alors qu'elle est encore au lycée, par l'entremise d'un ami commun. Elle a quatre ans de moins que lui, qui est alors en BTS informatique. Sur le profil Facebook de la jeune femme, désormais transformé en compte commémoratif, le seul « événement marquant » signalé est d'ailleurs la « première rencontre avec Jonathann Daval », en 2005.

« Un soir, on rentrait d'un dîner. Tous les jeunes du quartier étaient chez nous. Et il était là, se remémore Isabelle Fouillot. Alexia ne nous a pas trop raconté mais on voyait bien qu'il venait souvent à la maison. Ça s'est vu qu'ils étaient ensemble, elle n'avait pas besoin de nous le dire. Elle ne nous a rien caché. » Son mari ajoute : « On a senti que ça avait tout de suite accroché. »

À la connaissance des protagonistes de l'affaire, la jeune fille n'a jamais fréquenté d'autre homme avant Jonathann. « Ils ont toujours été tous les deux. Adolescents, ils ont été amis, puis se sont très vite mis ensemble. De ce que je sache, il n'a connu qu'elle, elle n'a connu que lui, commente Me Randall Schwerdorffer, l'avocat de l'informaticien.

Lorsqu'on est entrés dans le dossier, on pensait avoir affaire à une histoire de jeune couple. En fait, on s'est vite rendu compte que c'était un très vieux couple ! »

Les deux jeunes gens deviennent très vite inséparables. Quand Alexia doit passer l'oral de rattrapage du bac, c'est Jonathann qui l'emmène jusqu'à Vesoul. Quand elle fête ses 18 ans dans le restaurant des parents de son futur beau-frère Grégory Gay, situé dans le centre-ville de Gray, il est là avec sa famille. Quand elle s'installe à Besançon pour ses études, il emménage avec elle.

« On s'est toujours bien entendus avec lui. Jonathann, c'était un super gentil », raconte le père d'Alexia. Sa femme reconnaît que le jeune homme semblait bien sous tous rapports : « Il avait l'air aux petits soins pour elle, très doux, très attentionné. » Avant d'ajouter : « Je me demandais un peu ce qu'elle lui trouvait. Mais j'ai toujours respecté les choix de mes filles. » Les Graylois qui connaissent Jonathann décrivent eux aussi un « garçon gentil », « serviable », « toujours prêt à donner un coup de main sur un ordinateur ou un téléphone ».

Depuis sa maison, voisine de celle de la famille Fouillot, Marie-Françoise Miallet observe avec bienveillance la relation naissante se développer. « Alexia, je l'avais connue toute petite, c'était presque comme ma nièce, ma filleule. Et lui, c'était un bon gamin en apparence, réservé, pas un grand causeur. Jamais je n'aurais imaginé un tel scénario… ». Cindy Antoine renchérit : « Je n'aurais jamais pensé ça de lui, qui était si calme et discret… »

Les Fouillot s'habituent à la présence de Jonathann et finissent par le considérer comme leur propre fils. « Il appelait même Isabelle "Maman" ! » assure Marie-Françoise Miallet. Ils sont d'autant plus proches que le jeune couple revient s'installer à Gray à la fin du master d'Alexia. « Elle a passé le concours pour être professeur des écoles, comme sa sœur. Alexia voulait toujours faire comme Stéphanie, c'était sa référence ! Mais elle a loupé ce fameux concours, et elle n'avait pas envie de le repasser, rapporte la mère de la disparue. Je ne sais pas comment elle a eu l'idée de faire une demande d'emploi au Crédit Mutuel. Mais elle l'a fait. » Le père prend le relais : « Je lui avais conseillé de déposer plusieurs demandes, mais elle voulait rester disponible pour le Crédit Mutuel. Quand elle a été prise, on était sur le cul. Pendant deux ans, elle a suivi une formation interne tout en travaillant, la première année au guichet à Gray et la deuxième année en tant que conseillère financière à Besançon. »

De son côté, Jonathann travaille chez Fourot, une société de bureautique-informatique installée quai Mavia, en face de la Saône. Dans les interviews qu'il accorde aux médias après le drame, Denis Carnet, le patron de l'entreprise, décrit un employé « consciencieux, gentil et réservé ».

De nombreux Graylois connaissent Jonathann Daval via son activité. Ainsi d'Yvan Guignot, le maire de Gray-la-Ville. « Il est venu en intervention chez nous plusieurs fois pour le compte de l'entreprise d'informatique dans laquelle il travaillait. C'était quelqu'un que j'appréciais. Au niveau professionnel, il n'y avait jamais aucun souci. Il était très réservé, il ne parlait pas de sa vie privée, qui de toute façon ne nous regardait pas. Il n'était pas très causant, c'était son tempérament, voilà tout, décrit le sexagénaire. En revanche, Alexia s'exprimait beaucoup plus. Son père, que je connais très bien parce que nous avons fait une partie de notre scolarité ensemble, me l'avait présentée. Elle était venue une fois ou deux à la mairie pour une déclaration d'urbanisme concernant la piscine qu'ils voulaient faire aménager. Et comme je suis client du Crédit Mutuel, je la voyais à la banque l'année où elle était au guichet à Gray. »

À leur retour de Besançon, Alexia et Jonathann vivent d'abord un an chez Jean-Pierre et Isabelle Fouillot. La cohabitation se passe sans heurts. Le couple le plus âgé s'amuse de voir le soin presque maladif que l'informaticien apporte à son apparence. « Il fallait calculer pour prendre la salle de bains ! » Les deux jeunes gens s'installent ensuite dans une maison jouxtant celle des Fouillot.

Ils sont fous amoureux et ne s'en cachent pas. « Ils s'appelaient tout le temps “ma chérie”, “mon amour” », se souvient Isabelle Fouillot. Cindy Antoine renchérit : « À chaque fois que je les voyais, quand je les croisais dans Gray ou quand ils sont venus à la maison rencontrer ma fille aînée après sa naissance, en 2011, je me disais : “Oh là là, c'est le couple parfait !” Je le voyais tellement attentionné... Et elle aussi était amoureuse, ça se sentait. » « Mon chéri, Jonathann, que j'aime de tout mon cœur », écrit ainsi fièrement Alexia sur sa page Facebook, en dessous d'un cliché du jeune homme attablé à la terrasse d'un restaurant.

Arrive le 18 juillet 2015, jour du mariage du couple. « Quelques années auparavant, c'était Isabelle qui avait marié sa fille aînée Stéphanie, se remémore Marie-Françoise Miallet. Mais lors des élections municipales de 2014, elle avait souhaité être plutôt en fin de liste, parce qu'elle avait très peu de temps libre. Elle n'avait donc pas été élue et ne pouvait pas marier Alexia. Cette dernière était alors venue me voir pour me demander d'officier. J'étais touchée, ravie, j'avais répondu oui avec plaisir. Et puis il y a eu des départs et des décès dans l'équipe municipale, et Isabelle est venue siéger. »

Les deux femmes préparent alors une surprise à Alexia. « Nous lui avons dit que l'officier d'état civil avait déjà été désigné, que les papiers étaient partis avec mon nom, qu'on ne pouvait pas changer », raconte Marie-Françoise Miallet. Lorsqu'Alexia et Jonathann arrivent place Charles-de-Gaulle, devant l'hôtel de ville de Gray, c'est l'ancienne enseignante qui les accueille, les précède dans le vaste escalier jusqu'au premier étage, les fait entrer dans la fonctionnelle salle des mariages. « J'ai commencé le discours traditionnel, puis j'ai enlevé mon écharpe, et j'ai dit à Alexia : "Puisque ta maman est élue maintenant, c'est elle qui va vous marier." C'était très émouvant. »

Les deux jeunes gens complètent cette union civile par une cérémonie religieuse célébrée par le père Laurent Bretillot, curé de la paroisse de Gray, à la basilique Notre-Dame. Une réception réunit ensuite une petite centaine d'invités au château de Talmay, à une vingtaine de kilomètres de Gray.

Sur les clichés du 18 juillet 2015, la jeune femme porte une robe bustier et un collier discret. Elle a gardé ses lunettes et coiffé ses cheveux blonds en chignon. Jonathann Daval, lui, porte une veste à imprimé fleuri, noir sur noir, au-dessus d'une chemise blanche et d'un gilet noir. Aujourd'hui encore, sur le profil Facebook de l'informaticien, les photos de profil et de couverture montrent les époux souriants et épanouis le jour de leur mariage.

En 2016, Jonathann et Alexia rachètent à Isabelle Fouillot la maison de ses parents, désormais décédés. Ils décident de faire rénover le pavillon de la rue de Sonjour. C'est Jean-Pierre Fouillot qui dirige les travaux. « On a fait des extensions, on a complètement relooké la maison. Elle n'a plus rien à voir avec ce qui existait avant, on a refait une maison neuve. De l'extérieur, elle ne paie pas de mine, mais de l'intérieur, c'est magnifique », estime le sexagénaire. « Je revois surtout la pièce principale ; c'était moderne, arrangé avec beaucoup de goût », décrit quant à elle Marie-Françoise Miallet.

Surtout, le couple fait creuser une piscine, le rêve d'Alexia. « Elle en était tellement contente…, glisse la mère de la jeune femme. Je me souviens, un soir d'été, j'étais venue chez eux en sortant du bar. Elle était dans la piscine avec Stéphanie et son fils. Je n'avais même pas mon maillot, elle m'avait dit : "Emprunte-moi un maillot et viens te baigner !" »

Alexia et Jonathann sont toujours très proches des Fouillot. « Alexia et moi, on se voyait le lundi, c'était son jour de repos », se souvient Isabelle Fouillot. « J'aimais la gâter, on se faisait un resto, on allait faire les magasins. » Une tradition familiale s'instaure : tous les dimanches soir, le jeune couple vient boire l'apéritif chez les beaux-parents. Parfois, notamment pendant les vacances scolaires, Stéphanie et Grégory Gay sont également présents avec leur fils. « Le dimanche, on fermait le bar à 19 heures au lieu de 20 heures pour pouvoir boire l'apéro ensemble.

Alexia s'asseyait toujours là, c'était sa place, je la vois dans ce fauteuil », s'étrangle Jean-Pierre Fouillot en désignant du doigt un imposant siège en cuir blanc placé entre deux canapés.

Alexia et Jonathann partagent une passion pour le sport, en particulier la course à pied. Dans leur pavillon de la rue de Sonjour, ils font aménager une petite salle de sport avec un tapis de course, sur lequel ils s'entraînent presque quotidiennement. Ensemble, ils courent également régulièrement à l'extérieur. Jonathann enchaîne trails et marathons, lors desquels Alexia vient le soutenir. En octobre 2015, l'informaticien boucle ainsi le marathon de Lausanne, en Suisse, en moins de 3 h 10, décrochant une 84e position sur plus de 1 000 *finishers*.

Tous les proches des jeunes gens décrivent le même schéma : un couple soudé, plutôt mené par la jeune femme. « Alexia était très active, Jonathann plus effacé », confie une Grayloise, qui s'empresse de préciser : « Et dire qu'Alexia était plus active n'a rien de négatif ! » Cet ajout n'est pas anodin. Au fur et à mesure des avancées de l'affaire, la question des relations entre les époux fera couler beaucoup d'encre, et déclenchera même une polémique. On se souvient notamment de l'intervention de Marlène Schiappa, secrétaire d'État chargée de l'Égalité entre les femmes et les hommes à l'époque. Il ne fait nul doute que le sujet resurgira d'ailleurs au procès…

Des tensions sous-jacentes

Malgré les apparences, la vie d'Alexia et Jonathann n'est pas complètement rose. D'abord, la jeune banquière ne s'entend pas avec sa belle-famille. « Depuis quelque temps, elle ne voulait plus aller chez eux », déclare Jean-Pierre Fouillot. Isabelle Fouillot complète : « Je lui disais : "Mais Alexia, fais un effort, vas-y, fais plaisir à Jonathann !" Elle me répondait : "Maman, tu ne les connais pas, tu ne peux pas savoir". Je n'ai jamais su pourquoi elle ne se sentait pas à l'aise là-bas. »

Alexia est morte, Jonathann en prison, la famille Henry-Daval silencieuse : impossible de percer le mystère de cette relation difficile. Mais les avocats du suspect ont leur avis sur la question. « Jonathann maintenait le lien avec sa famille, parce qu'elle est fondamentale pour lui, mais c'était un lien caché. Alexia avait beaucoup de mal avec sa belle-famille, je pense qu'elle se sentait un peu au-dessus. Elle a créé une distanciation avec eux », affirme Me Ornella Spatafora.

Les relations entre les familles Fouillot et Henry-Daval sont elles aussi assez fraîches. « On ne se fréquentait pas beaucoup. De notre côté, on était très pris par le bar », explique Jean-Pierre Fouillot. Comme souvent, sa femme est plus directe : « Quand on se voyait, c'était pour faire plaisir à Jonathann et Alexia. » Les Fouillot confessent d'ailleurs rapidement qu'ils n'appréciaient que peu la famille de Jonathann.

Inutile de dire que, depuis les premiers aveux de l'informaticien, ces relations sont inexistantes. « J'ai beaucoup de ressentiment à l'encontre de la famille de Jonathann », avoue la mère d'Alexia. Le bassin graylois a beau ne pas être immense, les deux couples ne se croisent jamais, au grand soulagement des Fouillot. « J'ai déjà aperçu Florent et Martine Henry. Dans une petite ville comme Gray, forcément… », déclare en revanche Marie-Françoise Miallet. « Mais je ne les ai jamais vraiment croisés et je ne préfère autant pas, même si j'essaie de faire la part des choses. »

À l'automne 2017, avant que le drame n'éclate, le principal sujet de tensions entre Jonathann et Alexia ne concerne cependant pas leurs familles respectives, mais celle qu'ils aimeraient fonder.

Les deux jeunes gens sont ensemble depuis plus de dix ans lorsqu'ils décident d'avoir un bébé. Tous les proches d'Alexia s'accordent à dire qu'elle adorait les enfants. « Elle s'occupait très bien de ses neveux et nièces. Elle était super avec mon fils comme avec les petits du côté de Jonathann, elle rappelait à son mari les cadeaux à faire pour ses filleuls », relate son beau-frère Grégory Gay.

« Stéphanie a eu du mal à avoir son fils. Les médecins ont mis du temps à trouver ce qui n'allait pas et l'opérer. J'avais peur qu'Alexia ait les mêmes problèmes... Et évidemment, cela n'a pas loupé », raconte Isabelle Fouillot. « Mais au moins, l'histoire de Stéphanie a permis à Alexia de gagner du temps. Elle a dit au gynécologue ce qu'avait eu sa sœur, elle a été diagnostiquée puis opérée, et après, elle a commencé à s'injecter des hormones. »

Au printemps 2017, la jeune femme tombe enceinte. « Ça a marché plus vite qu'on ne le pensait ! » note rétrospectivement Jean-Pierre Fouillot. Un soir, les Daval invitent les Fouillot à venir prendre l'apéritif rue de Sonjour. Ils veulent leur annoncer la grande nouvelle. Le quatuor se sert du champagne, puis, au moment de trinquer, Alexia lance à sa mère : « Regarde bien les fleurs sur la table ! » Isabelle Fouillot jette un premier coup d'œil sans rien remarquer, puis aperçoit un chou et une rose. « Et là, j'ai "tilté" », sourit la sexagénaire. Alexia rayonne. Jonathann, lui, semble content, mais comme à son habitude, n'est pas très démonstratif.

Le bonheur du couple vole en éclats quelques semaines plus tard, lorsque Alexia fait une fausse couche. Sur le moment, son médecin de famille parvient à la rassurer.

« Même si c'était très dur, elle savait désormais qu'elle pouvait tomber enceinte, elle s'est accrochée à cet aspect positif », commente son père.

Sa mère s'inquiète cependant : depuis environ un an, Alexia perd de plus en plus de poids. « Elle mangeait très peu, au point qu'on ne la reconnaissait plus physiquement ; jusqu'ici, elle avait toujours été mince, mais avec des formes, alors que là, elle était maigre. Je craignais qu'elle ne réussisse pas à tomber enceinte à cause de ça, souligne Isabelle Fouillot. C'est pour ça aussi que je l'emmenais au restaurant le lundi, pour être sûre qu'elle mange vraiment. Je lui en avais parlé, mais elle s'était braquée, alors je n'avais pas insisté. »

Les mois passent, et la situation tourne peu à peu au vinaigre entre Alexia et Jonathann. « Ce désir inassouvi d'enfant créait vraiment des tensions entre eux, glisse Grégory Gay, le beau-frère du couple. Pour mes beaux-parents, il n'y avait pas de souci. Ils n'avaient pas vu ce qui se passait. À mes yeux, ça faisait longtemps qu'il y avait des problèmes, mais jamais on n'aurait pu imaginer une telle issue. On sentait bien que ça n'allait pas. Je me demandais pourquoi ils s'acharnaient à essayer d'avoir un enfant alors que la voie de la raison, pour eux, ça aurait peut-être été le divorce. Mais avec le recul, c'est facile de se dire ça… »

De fait, les parents d'Alexia sont tombés des nues en apprenant que le jeune couple traversait une si mauvaise période. « On ne les a jamais vus se disputer. Quand ils étaient avec nous, ils semblaient vraiment bien. On n'a jamais senti de tensions », insiste Jean-Pierre Fouillot. « On aurait dû voir... On se le reproche tellement. Je n'arrive pas à intégrer ce qui s'est passé, tellement c'est horrible », complète son épouse.

Pour Me Schwerdorffer, l'un des conseils du suspect, « Alexia et Jonathann, c'était une certaine image du couple idéal. Ils incarnaient parfaitement le bonheur tel qu'on se le représentait probablement chez les Fouillot : la banque, la maison, le mariage, le chat... » Seul manquait l'enfant. « Il y avait une vraie fixation sur le fait d'avoir un enfant. Alexia a pu penser que Jonathann n'en voulait pas. Comme ça ne fonctionnait pas, un traitement a été mis en place. Aux yeux de Jonathann, c'est quand le traitement a commencé que les gros dysfonctionnements se sont installés. Au moment où le drame se passe, on est très clairement face à un couple qui est dans une crise profonde. »

« Le problème était installé depuis un moment, je pense. Mais Jonathann évitait le conflit au maximum, renchérit Me Spatafora, une autre avocate du trentenaire. Quoi qu'il en soit, il ne concevait pas de vivre sans Alexia. Il était fou amoureux d'elle. Il l'est toujours... » Son associé reprend : « Il n'y avait pas de maîtresse ou d'amant caché. Au départ, beaucoup de journalistes voulaient nous faire dire que Jonathann Daval avait des penchants homosexuels, parce qu'il a un physique qui peut paraître efféminé et qu'il prend toujours soin de lui. Eh bien, ce n'est pas vrai. Et je peux vous dire que cette piste a été creusée avec sérieux. Il est purement hétérosexuel. Sa sexualité est bien définie. »

Peu à peu, le couple s'enfonce dans la crise. Puis vient le 27 octobre 2017. Et lorsque la petite commune de Gray-la-Ville s'éveille le 28 octobre au matin, nul n'imagine ce qui s'est tramé pendant la nuit au 18, rue de Sonjour…

Disparition inquiétante

Le samedi 28 octobre 2017, peu après 9 heures du matin, Jonathann Daval se rend au domicile de sa mère et de son beau-père, à Velet. Il boit un café avec sa mère, qui ne le trouve « pas bien ». « Je lui ai demandé ce qui l'inquiétait, il m'a dit qu'Alexia faisait des malaises, qu'elle en avait fait un la veille, qu'il ne voulait pas qu'elle aille courir seule mais qu'elle avait décidé d'y aller quand même », relate Martine Henry lorsqu'elle est entendue par les enquêteurs.

L'informaticien retourne chez lui pour récupérer le verre à jeter, puis se dirige vers *La Terrasse*, le bar de ses beaux-parents. Seul Jean-Pierre Fouillot est présent en ce début de matinée ; sa femme est restée chez eux pour profiter de leur fille Stéphanie, leur gendre Grégory et leur petit-fils. « Jonathann venait de temps en temps, il était chez lui au bar », commente Jean-Pierre Fouillot. « Il passait derrière le comptoir et se faisait son café », renchérit Isabelle Fouillot.

Ce matin-là, rien ne sort de l'ordinaire. Sauf que le trentenaire confie à son beau-père qu'il est préoccupé, comme il l'a fait quelques minutes plus tôt auprès de sa mère. « Je suis inquiet, Alexia a voulu aller courir toute seule... Je l'ai trouvée fatiguée, mais bon, je l'ai laissée y aller », déclare-t-il. Tout à ses clients, loin d'imaginer ce qui s'est joué la veille, le patron du bar ne prête pas particulièrement d'attention aux propos de son gendre.

Ce dernier quitte ensuite l'établissement pour se rendre sur son lieu de travail. Il écrit d'ailleurs un SMS à Alexia à 10 h 37 : « Je vais passer par le boulot récupérer l'imprimante pour notre voisin. Ne m'attends pas pour la douche. » Quelques minutes plus tard, le voici quai Mavia. « Il est passé à 10 h 45. Il était tout sourire, et il a même plaisanté en disant que ça lui ferait un apéro gratuit ! » raconte au *Parisien* Denis Carnet, le dirigeant de la société Fourot.

Un quart d'heure plus tard, Jonathann Daval se présente chez ses beaux-parents. Plus de sourire qui tienne ; le trentenaire est en larmes. « Il est arrivé quelque chose à Alexia, elle n'est pas rentrée ! » s'exclame-t-il. « Attends, mais qu'est-ce que tu me dis ? » répond Isabelle Fouillot. « Elle est partie courir ce matin et elle n'est toujours pas rentrée », répète l'informaticien. « Il n'y a pas de quoi s'affoler », tente de le raisonner sa belle-mère.

« Il n'était que 11 heures. Je n'étais pas du tout inquiète. Je me disais qu'Alexia avait dû rencontrer une copine ou une connaissance et s'arrêter pour discuter », confie Isabelle Fouillot. Sa fille aînée Stéphanie regarde son portable et découvre un message d'Alexia : « Hello, tout le monde debout ! Je vais aller courir un coup, je passerai peut-être vous faire un coucou si je suis motivée. Bisous. »

« Plus tard, nous apprendrons que c'est Jonathann qui l'a envoyé…, souligne la mère de la jeune femme. Mais à ce moment-là, nous essayons de le rassurer en lui disant qu'Alexia a écrit un texto à Stéphanie, qu'elle va sûrement passer à la maison, que tout va bien. Il était dans un état… Il insistait, disait qu'il était sûr qu'il lui était arrivé quelque chose. »

Face à l'angoisse de Jonathann Daval, Isabelle Fouillot finit par demander à son autre gendre Grégory Gay de l'accompagner pour refaire le trajet qu'Alexia aurait pu emprunter plus tôt dans la matinée. Les deux hommes passent également aux urgences et rue de Sonjour, pour vérifier si la jeune femme est rentrée entre temps. « Alexia, tu es rentrée ? Tu es là ? », appelle Jonathann en montant à l'étage, tandis que Grégory reste en bas.

De son côté, Isabelle Fouillot descend au bar « sur les coups de 11 h 30 ou midi ». Son mari la laisse aux commandes de l'établissement, prend sa voiture et se rend dans les bois alentour. « J'ai crié le prénom d'Alexia pendant une demi-heure dans toutes les allées. J'ai croisé un cycliste, je lui ai demandé s'il avait vu courir une jeune femme, il m'a répondu que non. Je commençais à être inquiet, mais sans voir venir le drame… Au bout d'un moment, je suis rentré à *La Terrasse*. Nous commencions à nous affoler, donc nous avons demandé aux clients de partir et nous avons fermé le bar. Isabelle et moi sommes allés rue de Sonjour. »

À 12 h 15, toujours flanqué de Grégory Gay, Jonathann Daval se présente à la gendarmerie de Gray, une grosse bâtisse moderne située à deux pas de l'ancien palais de justice et de l'hôtel de ville, pour signaler la disparition de son épouse. Entendu durant trois quarts d'heure par une enquêtrice, le trentenaire déclare spontanément que sa femme prend un traitement hormonal d'assistance médicale à la procréation, et mentionne des pertes de mémoire et des épisodes dépressifs. Il ajoute par ailleurs qu'Alexia s'était sentie harcelée par un voisin psychologiquement instable au cours de l'été précédent.

La disparition est immédiatement considérée comme inquiétante. Ce qui surprend d'abord Grégory Gay. « J'ai été étonné par les pleurs incessants de Jonathann et par la réaction des gendarmes, qui avaient l'air de dire qu'il aurait presque fallu les prévenir plus tôt. Moi, de ce que j'en savais, on ne s'inquiète pas avant 24 heures, normalement, et là cela ne faisait qu'un peu plus de deux heures qu'elle avait disparu, selon son mari. »

À Gray, la nouvelle se répand comme une traînée de poudre. En fin de matinée, un élu prévient Christophe Laurençot : « La fille d'Isabelle est portée disparue ! »

Le maire n'en croit pas ses oreilles. « C'était une bombe. Et ce n'est pas une expression. Surtout qu'ici, à la mairie, il fallait à la fois gérer l'affect – tout le monde connaît très bien Isabelle Fouillot – et être complètement opérationnel. »

Cindy Antoine, l'amie d'enfance d'Alexia, apprend la disparition en jetant un coup d'œil à son compte Facebook alors qu'elle organise chez elle une réunion H2O – ces ateliers organisés à domicile pour vendre des produits d'entretien, sur le modèle des "réunions Tupperware".

Stéphanie Gay, la sœur de la disparue, a en effet publié sur le réseau social un appel à l'aide accompagné d'une photo de la jeune banquière, qui sera partagé plus de 100 000 fois : « Ma sœur Alexia est sortie courir sur Gray / Gray-la-Ville / Velet à 9 h 30 ce samedi 28 octobre et nous sommes sans nouvelles d'elle depuis. Nous la recherchons activement. Toute personne ayant des informations susceptibles de nous aider à la retrouver peut nous contacter en privé ou contacter la gendarmerie de Gray. »

Cindy Antoine et ses invitées en restent abasourdies. « Autour de la table, pas mal de personnes connaissaient aussi Alexia. On n'arrivait pas à y croire. C'était horrible. Dès le début, j'ai été inquiète. C'était une jolie fille, j'avais peur qu'elle se soit fait embarquer… », raconte la jeune femme, qui passe le reste de la journée au téléphone avec ses proches et devant les informations.

Chez Marie-Françoise Miallet, le téléphone sonne vers 13 heures, alors que la retraitée fête son anniversaire avec ses enfants, venus de région parisienne et de Mulhouse pour l'occasion. Au bout du fil, une amie commune de l'ancienne enseignante d'anglais et des Fouillot : « Alexia a disparu, les Fouillot sont affolés. » Marie-Françoise Miallet laisse ses enfants, prend sa voiture et se rend chez Alexia et Jonathann, rue de Sonjour, rejoindre Isabelle et Jean-Pierre Fouillot. « On attendait, on tournait en rond », se souvient-elle.

Pendant ce temps, gendarmes et plongeurs, avec le soutien d'un hélicoptère, de drones et de radars, se lancent à la recherche de la Franc-Comtoise. Alexia n'a pas son portable sur elle et ne peut donc être géolocalisée. « Ça a été d'une rapidité incroyable. Je pense que c'est le phénomène "joggeuse" qui a joué… On ne remerciera jamais assez la gendarmerie, le procureur du travail qu'ils ont fait », salue Jean-Pierre Fouillot.

« Je n'ai pas été mis au courant de la disparition de façon officielle, se souvient quant à lui Yvan Guignot, le maire de Gray-la-Ville. J'ai vu un hélicoptère tourner très bas au-dessus de la commune. Je me suis dit qu'il se passait quelque chose. J'ai croisé une patrouille de gendarmes qui m'ont expliqué qu'ils cherchaient une personne disparue. Ils ne m'en ont pas dit plus, j'ai imaginé que ça pouvait être une personne âgée perdue. Puis, alors que j'étais dans mon jardin, j'ai vu l'hélicoptère se poser. J'ai pris mon vélo et j'ai filé voir. Les gendarmes étaient en train de discuter avec une joggeuse habillée en rose. Ils m'ont alors expliqué ce qui se passait. »

Le sexagénaire a d'abord la même réaction étonnée que Grégory Gay. « Je n'ai pas trop compris pourquoi des moyens aussi importants avaient été déployés si vite pour une personne adulte qui avait disparu depuis peu de temps. C'était bien, mais étonnant. »

Les craintes grandissent cependant au fur et à mesure que les heures s'écoulent. « Nous sommes passés par différentes phases. Au début, nous nous sommes dit que nous allions la retrouver saine et sauve. D'autant que les secours ont été opérationnels tout de suite. Mais l'espoir s'est petit à petit amenuisé », relate Christophe Laurençot. « En milieu d'après-midi, on était franchement inquiets, car il n'y avait plus de raison qu'elle ne donne pas signe de vie », déclare Grégory Gay.

À 18 heures, Jonathann Daval est à nouveau entendu par les enquêteurs. Il s'épanche longuement sur la violence verbale, psychologique et physique dont il affirme être victime de la part de sa femme. Il assure ainsi qu'Alexia lui reprochait de ne pas être un homme en raison de ses troubles de l'érection, pour lesquels il suit un traitement depuis septembre 2016. Il déclare que son épouse était parfois prise de crises pendant lesquelles elle pouvait le griffer, le frapper, le mordre, mais dont elle ne gardait ensuite aucun souvenir. « Déjà, à ce moment-là, Jonathann parle d'Alexia à l'imparfait en permanence, pas au présent », note Stéphanie Gay dans l'émission *Ça commence aujourd'hui* diffusée le 8 juin 2020 sur France 2.

Pendant ce temps-là, Marie-Françoise Miallet rentre chez elle. « Je commençais vraiment à me dire que ce n'était pas normal, que ce n'était pas un malaise ou une chute comme on avait pu le penser au début. Il ne faisait pas mauvais, la journée n'était pas vilaine, mais en début de soirée il faisait de moins en moins chaud. On était quand même fin octobre. Et Jonathann avait dit qu'Alexia était partie en short et en petit gilet… »

À deux maisons de là, les Fouillot et les Gay, qui ont aussi fini par rentrer chez eux, sont rongés d'inquiétude. « Le samedi soir, on se sent coupables d'aller se coucher, les questions nous taraudent, mais on se dit aussi qu'il faut qu'on aille dormir, sinon on ne sera pas efficaces le lendemain. Et là, dans nos lits, on se demande où elle est, on se dit qu'il fait froid dehors… À ce moment-là, on y croit encore », raconte Grégory Gay.

Macabre découverte

Le lendemain et le surlendemain, des centaines d'habitants de Haute-Saône viennent prêter main-forte aux autorités et ratissent les environs du domicile des Daval lors d'immenses battues. « Tout a été organisé ici. Isabelle nous connaît, elle nous a fait confiance », raconte Christophe Laurençot en désignant du doigt la grande table qui occupe un coin de son bureau de l'hôtel de ville. À la peur se mêlent « la solidarité, l'amitié, le respect », comme le souligne un Graylois.

« Le dimanche, il ne faisait pas beau, il pleuvait même, il faisait froid. Je me suis dit qu'il n'y aurait personne… Et finalement on a été surpris », se souvient Isabelle Fouillot. Malgré la mobilisation naissante, les recherches ne donnent rien. Les proches d'Alexia passent une nouvelle nuit d'angoisse. « Il y a eu une grosse baisse de température dans la nuit. On se disait que si elle était quelque part dehors, blessée, elle allait mourir de froid… », frissonne Jean-Pierre Fouillot.

Le lundi, les recherches prennent une autre dimension. Bien que le week-end soit terminé, plus de 400 personnes sont au rendez-vous. Plusieurs médias filment la battue. « C'était énorme, hyper bien organisé. J'étais étonnée, je ne comprenais pas trop ce qui se passait… Mais je me disais que plus il y avait de monde, mieux c'était. J'étais persuadée qu'on allait retrouver Alexia », ajoute la mère de la disparue. Cette dernière tient à lancer un appel à celui qui aurait pu enlever sa fille. « S'il a une once d'humanité, qu'il pense qu'Alexia a une vie, un travail, des amis et des collègues. Elle a sa famille, on l'attend. »

Parmi les participants, Yvan Guignot, le maire de Gray-la-Ville. « C'était la moindre des choses de venir, surtout en tant que maire. Et je connais très bien la plaine », glisse-t-il. Cindy Antoine, qui a pris une demi-journée de congé, est, elle aussi, présente avec une amie et une collègue qui connaissaient toutes les deux Alexia. « Après s'être inscrites à la mairie, on a pris la voiture vers le stade de Gray-la-Ville, puis on s'est tous mis en ligne et on a avancé en regardant attentivement le sol, raconte la trentenaire. À ce moment-là, je craignais déjà qu'elle soit morte. Je ne sais pas quelle réaction j'aurais eue si j'étais tombée sur son corps. Je pense que ça nous trottait tous dans la tête… » Marie-Françoise Miallet, qui garde ses petits-enfants pendant que ses enfants participent aux battues, confesse en effet avoir songé à la même chose. « Je me disais : “Pourvu que ce ne soient pas les miens qui la retrouvent…” »

Lors de cette interminable journée, les proches de la disparue suivent scrupuleusement toutes les pistes, y compris celles qui leur sont soufflées par les voyants qui se bousculent au téléphone, comme souvent dans ce genre d'affaires.

À 17h15, l'ordre est donné de mettre fin aux battues. « Tiens, on termine plus tôt que ce que j'aurais pensé », songe Jean-Pierre Fouillot, un peu étonné que les recherches soient arrêtées « alors qu'il faisait encore bien jour ».

Le sexagénaire et sa femme ne tardent cependant pas à comprendre ce qui se passe. Quelques heures plus tôt, à 14h35 exactement, des élèves-gendarmes ont en effet découvert un cadavre dans le bois d'Esmoulins, situé à quelques kilomètres seulement de Gray-la-Ville. Couché sur le dos entre deux troncs d'arbre, recouvert d'un drap blanc et de branches, le corps a été partiellement brûlé. Malgré la carbonisation, il est encore possible de distinguer une veste et des baskets roses… Le bouchon d'une bombe aérosol est par ailleurs retrouvé à côté de la dépouille.

Tandis que l'annonce de la découverte d'un corps commence à faire le tour des médias, Isabelle Fouillot se réfugie chez elle, accablée, et Jean-Pierre Fouillot se charge de fermer *La Terrasse*. « Un employé et un gendarme sont restés avec moi le temps que je fasse mes caisses et que je ferme tout. Quand je suis sorti pour rejoindre mon camion, il y avait une nuée de journalistes, les flashs crépitaient, j'ai eu du mal à monter dans mon véhicule. C'était impressionnant », raconte-t-il, encore saisi par cette scène.

Dans la soirée, le procureur de Vesoul tient une conférence de presse. S'il ne dit mot du placement en garde à vue d'un homme interpellé à proximité du bois d'Esmoulins – qui sera d'ailleurs relâché le lendemain sans qu'aucun élément ne soit retenu contre lui –, le magistrat confirme qu'un cadavre a été retrouvé. « C'est le corps d'un individu, homme ou femme, plutôt jeune, qui est fortement dégradé » car il a été « volontairement brûlé », déclare Emmanuel Dupic. Avant d'ajouter : « C'est la raison pour laquelle j'ai ouvert une enquête pour assassinat. » La Haute-Saône ne disposant pas de pôle criminel, l'information judiciaire est confiée à un juge d'instruction de Besançon.

Lors de sa prise de parole, le procureur tient à préciser qu' « il est trop tôt pour assurer avec certitude » que le corps retrouvé est « celui d'Alexia ». Les habitants du bassin graylois sont pourtant persuadés que la dépouille est celle de la disparue. Cindy Antoine ne fait pas exception. « Quand j'ai appris la nouvelle à la télé, j'en ai pleuré. Je me disais : "Pourquoi elle ?" C'était juste horrible. » Seule la famille d'Alexia veut encore y croire. « Dans la région, il ne se passe pas grand-chose. La probabilité de trouver le corps de quelqu'un d'autre est très faible. Mais on veut garder espoir », lance Grégory Gay. Sa belle-mère renchérit : « Ça ne laisse plus trop de place au doute. Mais il y a quand même l'espoir qui n'est pas loin… »

Le mardi 31 octobre, les pires craintes de la famille se confirment. Isabelle et Jean-Pierre Fouillot, ainsi que Jonathann Daval, sont convoqués à la gendarmerie de Gray par le procureur Emmanuel Dupic, qui leur annonce que le corps retrouvé est bien celui d'Alexia. « Nous nous sommes effondrés sur nos chaises sous le choc. C'est dur d'entendre dire que sa fille n'est plus là », murmure Isabelle Fouillot. « Le ciel nous est tombé sur la tête », souffle Jean-Pierre Fouillot, qui se souvient avoir soutenu physiquement Jonathann lors de l'annonce, comme il le fera à plusieurs reprises plus tard, notamment lors de la marche blanche et de l'enterrement.

Le lendemain matin, c'est par le biais d'un communiqué que le procureur de Vesoul fait la même annonce aux médias. « Les constatations réalisées sur le corps, dans la scène de crime, par les techniciens en identification criminelle ont été adressées dès hier à un laboratoire de police technique et scientifique. Leur exploitation ADN confirme que le cadavre découvert est bien celui d'Alexia Daval, la joggeuse disparue à Gray », écrit le magistrat du parquet.

À Gray, le choc est immense. La maison des Fouillot devient très vite le point de rendez-vous des proches d'Alexia, membres de la famille et amis. Marie-Françoise Miallet franchit fréquemment les quelques mètres qui séparent son domicile de celui des parents de la jeune femme pour apporter son soutien. Un souvenir très net revient à la retraitée : « Comme souvent pendant cette période, Jonathann était chez ses beaux-parents. Il m'est tombé dans les bras. Il était effondré, j'ai essayé de le consoler… Quand j'y repense avec du recul, je me demande s'il ne pleurait pas déjà sur lui-même, sur ce qu'il avait fait, sur ce qu'il avait perdu. »

Deux psychologues sont également chargés d'expliquer ce qui s'est passé aux neveux et nièces d'Alexia, que ce soit le fils de Stéphanie ou les enfants du côté Daval. « Difficile de savoir ce que notre petit-fils, qui avait alors 3 ans, a compris à l'époque. Aujourd'hui, il est plus grand. Il sait qu'Alexia est partie, qu'on ne veut plus voir Jonathann qui est en prison. Avec ses mots d'enfant, il dit que c'est parce que Jonathann a fait du mal à Alexia », déclare Isabelle Fouillot.

L'autopsie du cadavre de la jeune femme est pratiquée le jeudi 2 novembre à la morgue du Centre hospitalier régional universitaire (CHRU) de Besançon par deux médecins et un agent de chambre mortuaire, à la demande de Rodolphe

Uguen-Laithier, juge d'instruction de Besançon. Dans leur rapport de neuf pages, les experts décrivent en des termes évidemment très techniques l'état de la dépouille d'Alexia. Premier enseignement, capital : la Grayloise est probablement décédée d'une « strangulation manuelle ».

Les médecins écrivent qu' « il n'existe pas de lésion de défense instrumentale au niveau des membres supérieurs » mais notent la présence de quelques lésions à la main et l'avant-bras gauches. Par ailleurs, ils indiquent ne pas avoir repéré de « signes évidents » de violences sexuelles. En revanche, d'autres stigmates témoignent du calvaire subi par Alexia Daval lors de ses derniers instants de vie. Il apparaît d'abord clairement que la jeune femme a reçu des coups « multiples et violents » au visage et au crâne. Des lésions de la région dorso-lombaire conduisent par ailleurs les médecins à penser que la victime a été frappée à la partie postérieure du corps, ou qu'elle a été plaquée au sol, ou qu'une lutte a eu lieu au sol.

La partie la plus terrible concerne les événements postérieurs à la mort de la jeune femme. Le cadavre de cette dernière a été traîné au sol, puis a subi une « mise à feu en plusieurs foyers distincts ». La dépouille a été brûlée à 30 %. Les brûlures – du 2e et 3e degrés – se concentrent sur la partie antérieure du corps : les joues, le cou, les bras, le ventre, le sexe, les cuisses, les pieds. Détail sordide : le pied gauche de la jeune femme est détaché du reste du corps. Cette « amputation thermique » s'explique par une « carbonisation extrêmement profonde » au niveau de la « partie distale du membre inférieur gauche », précisent les experts.

Les médecins préconisent par ailleurs des examens complémentaires. Une expertise toxicologique révèlera notamment la présence de substances médicamenteuses chez Alexia : tétrazépam, zolpidem et tramadol. Le premier, retiré du marché européen en 2013, est un anxiolytique connu pour son effet myorelaxant (visant à décontracter les muscles, N.d.l.A.). Le deuxième est un puissant somnifère, parmi les plus vendus en France, qui nécessite une prescription particulière. Le troisième est un antidouleur délivré uniquement sur ordonnance, un opioïde très puissant.

Le 2 novembre, alors que l'autopsie est en cours à Besançon, une brève conférence de presse est organisée à la mairie de Gray. Jonathann Daval, Jean-Pierre et Isabelle Fouillot, Stéphanie et Grégory Gay font face aux médias. Seule la mère d'Alexia s'exprime, en s'arrêtant fréquemment pour retenir ses sanglots, alors qu'à ses côtés, son gendre Jonathann pleure sans discontinuer.

« Nous avons été particulièrement touchés par l'élan de solidarité et les nombreux témoignages de sympathie que nos familles respectives ont reçus. Nous tenons à remercier l'ensemble des personnes qui se sont mobilisées pour nous apporter leur soutien. Je tiens à vous remercier de ce que vous avez fait et de ce que vous ferez encore », lance Isabelle Fouillot.

Comme de très nombreux Graylois, Marie-Françoise Miallet, la voisine des parents d'Alexia, regarde la conférence de presse sur son petit écran. « C'est curieux de voir des gens qu'on connaît à la télévision, impliqués dans un fait divers comme ça... On ne pense jamais que ça peut arriver autour de soi. » Grégory Gay ressent la même chose. « Avant tout ça, je me disais que ce genre d'histoires n'arrivait qu'aux autres. Et là, c'est nous qui sommes les "autres"... »

Dans les jours qui suivent, les Fouillot se sentent, pour la première fois, dépassés par l'attention médiatique. « Jusqu'ici, nous n'avions pas à nous en plaindre. D'une certaine manière, en parlant de la disparition d'Alexia, les médias nous ont aidés à la retrouver, glisse Isabelle Fouillot. Mais ensuite, il y avait tellement de journalistes à Gray que, pendant un temps, les gendarmes ont bloqué notre rue ! Il fallait montrer patte blanche pour passer. » Marie-Françoise Miallet renchérit : « Les Fouillot avaient besoin d'être protégés. Ce n'était pas bien grave pour nous, les autres habitants de la rue, mais pour eux, c'était infernal. »

Entre psychose et deuil

Dans le bassin graylois, l'annonce de la mort d'Alexia crée un climat de psychose. « Il y a eu un début de folie. Certains ont eu très peur qu'un criminel rôde dans les environs. On disait aux femmes de ne plus marcher ou courir toutes seules », affirme Marie-Françoise Miallet. « On se disait qu'il y avait un taré... En plus, on était début novembre, il faisait nuit de bonne heure, je m'angoissais très vite. Quand je rentrais chez moi, je m'enfermais, renchérit Cindy Antoine. Même les petits ont ressenti cette atmosphère de paranoïa. Ils avaient peur. J'ai dit à mes enfants qu'une amie de maman avait disparu et qu'il fallait faire attention. »

Christophe Laurençot, maire de Gray et responsable d'un foyer de jeunes issus de la protection de l'enfance, donne pour consigne à ses pensionnaires de ne pas sortir. « On leur disait d'être prudents. On pensait qu'il y avait un cinglé, un pervers qui se baladait dans la nature... C'était une période vraiment très difficile. »

Yvan Guignot conseille lui aussi à ses administrés de Gray-la-Ville de se déplacer à plusieurs. « Évidemment, cela n'éliminait pas le risque, mais c'était quand même plus sécurisant. Certains sortaient comme d'habitude, d'autres n'osaient plus, mais nous y pensions tous avec appréhension. On se disait que ça pouvait arriver à tout le monde. En plus, c'était l'automne, la Toussaint, une saison triste et morose… Ça n'a pas aidé. »

L'affaire dépasse les frontières du département et rapidement, la France entière s'émeut de la mort de la joggeuse. Les initiatives visant à rendre hommage à Alexia se multiplient. À Besançon, où la jeune femme travaillait, 500 personnes courent cinq kilomètres le long du Doubs le samedi 4 novembre.

Le même jour, à Paris, une juriste organise un « jogging en hommage à Alexia et à toutes les femmes victimes d'agression ». Sur Facebook, plus de 450 personnes annoncent leur participation et près de 3 000 se disent « intéressées ». Le jour J, des centaines de coureurs s'élancent du terre-plein de l'Arsenal, place de la Bastille, et longent la Seine jusqu'à la passerelle Léopold-Sédar-Senghor, puis font demi-tour pour revenir au point de départ, soit huit kilomètres en tout. Sur l'événement Facebook, de nombreuses personnes partagent des photos de leur course, à Paris mais aussi à Alençon, Blois, Castres, Niort, Pierrelatte… La majorité d'entre elles ont suivi la consigne de porter un foulard noir ou rose, voire une tenue noire avec une touche de rose.

Toujours le 4 novembre, une association organise un footing solidaire qui rassemble une trentaine de coureurs, hommes et femmes, au départ de la Grand'Place de Lille. La plupart respectent le *dress code* rose et noir. À Metz, le 11 novembre, c'est de blanc que sont vêtus les nombreux participants à la course de cinq kilomètres qui débute à la patinoire. Plusieurs associations sont à l'origine de ce défi « ouvert à tous ». « J'ai été émue de cette chaîne humaine, confie Isabelle Fouillot. Cette solidarité, ça ne peut que vous prendre aux tripes. »

Bouleversés par le décès de l'enfant du pays, les Graylois ne sont évidemment pas en reste. Le club de course local, Val-de-Gray Marathon, rassemble samedi 4 novembre une centaine de personnes, parmi lesquelles Jonathann Daval, qui arbore un bas noir, un haut bordeaux "Lausanne Marathon" et un brassard blanc. Tous les coureurs empruntent un parcours de 10 kilomètres dont la jeune femme était coutumière. En chemin, ils croisent Yvan Guignot, le maire de Gray-la-Ville, en voiture. « Les gendarmes m'ont demandé de me mettre sur le côté pour les laisser passer. Tout devant, il y avait Jonathann Daval, filmé par une caméra. Aujourd'hui, quand on sait ce qu'on sait, se dire qu'il était là, en tête de la course… Cette image-là, je la vois encore, et je la verrai longtemps. Elle m'a plus marqué que la marche blanche du lendemain », raconte le sexagénaire.

Le 5 novembre, une marche blanche est en effet organisée à Gray, comme l'avait annoncé Isabelle Fouillot lors de la conférence de presse du 2 novembre. « Cette marche, nous la souhaitons silencieuse, sans banderoles, ni messages ni revendications », avait prévenu la mère d'Alexia. Son vœu est plus que respecté. Plusieurs participants se souviennent du silence qui règne ce jour-là : « Imaginez une foule de 8 000 à 10 000 personnes réunies presque sans aucun bruit. Un silence de mort, et c'est le cas de le dire. »

« C'était impressionnant. Ici, nous avons l'habitude d'une grosse manifestation pour la lutte contre le cancer qui s'appelle La Grayloise et qui rassemble beaucoup de monde. Mais là, c'était énorme », se remémore Marie-Françoise Miallet. « On n'avait jamais vu ça à Gray », renchérit Christophe Laurençot.

En tête du cortège, Jean-Pierre et Isabelle Fouillot, Stéphanie et Grégory Gay entourent Jonathann Daval, image même de l'époux éploré. Main dans la main, ils ne cachent pas leur émotion. Seul manque le fils de Stéphanie et Grégory, le neveu adoré d'Alexia. Quelques mètres derrière eux marchent les membres de la famille de Jonathann, parmi lesquels sa mère Martine, reconnaissable à sa chevelure teinte en orange vif. Plus loin dans le cortège, Christophe Laurençot, Yvan Guignot, Marie-Françoise Miallet, les copains d'enfance de l'impasse dont Cindy

Antoine, et des milliers d'autres, Graylois ou étrangers, venus rendre hommage à Alexia. Les quelques commerçants ouverts le dimanche ont fermé boutique pour la journée; certains d'entre eux forment une haie d'honneur au passage de la foule.

Le parcours choisi forme une boucle de 2,5 kilomètres entre les deux ponts qui enjambent la Saône. « Normalement, c'est une balade qui dure 40 minutes si on traîne un peu. La marche blanche a duré des heures. Certains n'étaient pas encore partis que les premiers étaient déjà arrivés ! » décrit une Grayloise. La foule s'ébranle de la halle Sauzay, prend le pont principal, remonte le quai Villeneuve. Puis elle traverse à nouveau la Saône en empruntant le second pont et longe le quai Mavia en passant notamment devant Fourot, l'entreprise où travaille Jonathann Daval. Elle arrive enfin boulevard des Grands-Moulins et place du Quatre-Septembre, où se trouve le bar des époux Fouillot.

Devant l'établissement, les cinq proches d'Alexia s'arrêtent. Soudés, ils avancent de quelques mètres sous le crépitement des objectifs pour déposer des roses blanches sur l'immense tas de fleurs qui grimpe le long des rideaux de fer du bar. Puis ils s'éloignent, à reculons, toujours accrochés les uns les autres. À l'issue de la marche, ils grimpent sur une estrade montée pour l'occasion et décorée par Marie-Françoise Miallet. « Isabelle m'avait demandé de l'arranger, de la décorer, d'essayer de faire quelque chose de joli », glisse la retraitée.

Encadrés par deux immenses photos d'Alexia, les proches de la jeune femme prononcent l'un après l'autre quelques mots. « De nature attentionnée, aimante envers les siens, c'est souvent à travers la cuisine et ses petits plats qu'elle exprimait son sens du partage. Elle était aussi brillante, elle a réussi les études qu'elle avait choisies en décrochant son master et avait commencé une carrière prometteuse au sein de son agence bancaire à Besançon, amorce Stéphanie Gay, la sœur de la disparue. Alexia, c'était une amie, une collègue, une cousine, une tata, une épouse. Elle était ma sœur, au sein d'une famille unie. Elle aimait la musique, elle aimait chanter, assister à des concerts, aller au cinéma, faire des virées shopping, mais elle aimait aussi tellement passer du temps en toute quiétude dans sa maison et prendre soin de son chat qu'elle aimait tant. En somme, une jeune femme dynamique, simple, qui profitait des plaisirs de la vie et qui pratiquait le sport qu'elle aimait. »

Puis Stéphanie Gay s'éloigne du micro et Jonathann Daval s'avance, en larmes et soutenu par ses beaux-parents. Il met quelques instants avant de réussir à prendre la parole. « Mon épouse et moi partagions la même soif de liberté à travers des activités sportives ; Alexia aimait nager et courir, passions qui nous réunissaient tant dans l'effort que dans l'épanouissement de notre couple. Elle était ma première supportrice, mon oxygène, la force qui me poussait à me surpasser lors de mes challenges physiques ; nous savions puiser dans nos regards, nos échanges, l'énergie nécessaire pour aller plus loin ensemble. De tous ces moments autour du sport, aucun n'aura été plus intense, plus riche en émotions à mes yeux que nos *runs* du week-end où seules les notions de partage et de plaisir nous importaient. La force de notre couple nous faisait nous dépasser, dans nos sorties et dans notre vie commune. Cette plénitude me manquera terriblement. »

Avec le recul, la phrase « Elle était mon oxygène » choquera énormément. « Il l'a privée d'oxygène, oui ! » s'exclame Marie-Françoise Miallet. « C'est odieux, souffle Isabelle Fouillot. Pourquoi a-t-il utilisé ce mot-là en particulier ? L'a-t-il fait exprès pour nous faire plus de mal ? Voulait-il jouer avec ça devant les médias ? » Mais sur le moment, cette phrase fait surtout forte impression et est reprise en boucle par les médias – d'autant plus que c'est la première fois que le mari de la disparue s'exprime en public.

À Jonathann Daval succède la mère d'Alexia, dont c'est d'ailleurs l'anniversaire. « Vous l'aurez compris, Alexia était une jeune femme rayonnante, pleine de vie et tournée vers les autres avec toute la gentillesse qui la caractérisait. Alexia et Stéphanie sont les plus belles réussites de notre vie, c'est notre fierté ; je souhaite délivrer aujourd'hui un message de liberté à tous et à toutes. Nous sommes particulièrement touchés par toutes les courses organisées à travers le pays. J'ai bien sûr une pensée particulière pour la course organisée ici à Gray par Val-de-Gray Marathon. Face à de tels événements, nous devons continuer à vivre, et vivre le plus normalement possible. Il faut qu'Alexia reste dans la mémoire collective pour ne plus que cette horreur se reproduise. Alexia aimait courir, c'était pour elle une véritable liberté. À travers ces manifestations sportives organisées partout en France, vous faites d'Alexia un symbole fort, celui de la liberté de chaque femme de pratiquer la course, de vivre tout simplement. Donc continuez à courir, à nager, à vous entraîner, c'est ce que ma fille voudrait. Merci. »

« La marche blanche était un moment fort, juge Grégory Gay. Cette quantité phénoménale de participants… Ça faisait du bien de voir que nous étions soutenus. » Sa belle-mère renchérit : « Voir cette masse de gens rassemblés en hommage à notre fille, ça faisait chaud au cœur. » Christophe Laurençot dépeint quant à lui une manifestation « à l'image de la famille : digne, unie, peinée ». Le maire, qui a apporté une attention particulière à la sécurité de cet événement, se félicite que « tout se soit bien passé ». « Je voulais que rien ne vienne perturber l'hommage rendu à Alexia, et que les proches, les participants, les médias soient accueillis dans les meilleures conditions. »

Les 6 et 7 novembre paraissent dans la presse locale plusieurs avis de décès d'Alexia. Sa famille choisit *L'Est*

Républicain pour annoncer la célébration de ses obsèques le mercredi 8 novembre, à 14 h 30, en la basilique Notre-Dame de Gray. Dans le même journal, les élus et les salariés de la Caisse du Crédit Mutuel de Besançon Planoise-Châteaufarine « s'associent à la peine et à la douleur de son mari Jonathann, de ses parents et de ses proches qu'ils assurent de leur plus entier soutien ».

De leur côté, « la direction et le personnel du Groupe Crédit Mutuel CM11 » font paraître dans *L'Est Républicain, Le Républicain Lorrain, Le Progrès, Vosges Matin* et *Le Journal de Saône-et-Loire* un texte rendant hommage à la jeune femme. « Au cours de sa carrière, elle a été une collaboratrice dynamique et enthousiaste, appréciée de tous pour ses grandes qualités humaines », note l'entreprise, qui assure que les salariés du groupe garderont d'Alexia Daval « un souvenir fidèle et reconnaissant ».

Le jour des funérailles d'Alexia arrive. Pendant que « partout en France », les salariés du Crédit Mutuel observent une « minute de recueillement », la ville de Gray s'arrête à nouveau pour rendre hommage à la disparue, sous la surveillance attentive des gendarmes.

La foule réunie pour dire un dernier adieu à la jeune femme est telle que les 500 places de la basilique Notre-Dame de Gray sont rapidement occupées. Des dizaines de personnes se massent à l'extérieur de l'édifice, derrière des barrières, malgré la pluie qui s'abat sur la ville et les haut-parleurs qui restent muets. « On aurait cru que c'était l'enterrement du président de la République. Je n'avais jamais vu ça de ma vie », se souvient une habitante. « Il y avait un monde fou », renchérit Cindy Antoine, venue avec sa mère. « Je ne m'attendais pas à ce qu'il y ait autant de gens », souligne Isabelle Fouillot, qui assure cependant avoir à peine prêté attention à la foule, tant elle était « dans son monde » ce jour-là.

Au son des cloches, le corbillard s'arrête devant la basilique, sur les grilles de laquelle sont accrochées deux immenses photos d'Alexia, cheveux blonds coupés court et lunettes noires. Les Fouillot, les Gay et Jonathann Daval regardent avec émotion le cercueil entrer dans l'édifice, avant d'emboîter le pas aux porteurs. Jean-Pierre Fouillot prend par l'épaule son gendre, en larmes. Le cercueil en bois clair, choisi par les parents et le mari de la disparue, remonte la nef par la même allée qu'Alexia avait parcourue au bras de son père pour rejoindre Jonathann, le jour de leur mariage.

Le père Laurent Bretillot, curé de la paroisse, qui avait célébré cette union, est encore une fois présent. Si l'office est présidé par l'archevêque de Besançon, Mgr Jean-Luc Bouilleret, c'est le père Bretillot qui prononce l'homélie. Un magnifique *Ave Maria* est chanté *a capella* par une jeune femme qui avait animé la célébration et la soirée de mariage d'Alexia et Jonathann. Ultime – et dérangeant – parallèle entre les deux cérémonies : Jonathann a tenu à porter sa veste de mariage. « Il était venu me demander la permission quelques jours avant. Ça ne me gênait pas. Mais maintenant, sachant ce qu'il a fait, je m'interroge… C'est quand même bizarre », confie Jean-Pierre Fouillot.

La cérémonie religieuse se déroule dans une ambiance particulièrement recueillie. « Il y avait une émotion à couper au couteau. Surtout quand Jean-Pierre a pris la parole et qu'il a eu la force de crier son amour à sa femme, ses filles, son gendre… », décrit Marie-Françoise Miallet. « J'ai souhaité à tous les parents d'avoir un gendre comme le nôtre », confirme le père de la disparue. Là encore, avec le recul, la phrase laisse sans voix. Jean-Pierre Fouillot ne le sait évidemment pas, mais Jonathann, déjà soupçonné par les enquêteurs, avouera avoir tué Alexia quelques semaines plus tard…

Ce jour-là, comme souvent, le jeune veuf ne cesse de pleurer. « Jonathann est passif, régulièrement en larmes. Il me gêne », se rappelle d'ailleurs Grégory Gay. Mais l'attention du mari de Stéphanie est ailleurs. « Je suis focalisé, je cherche surtout qui a fait ça. Je regarde les réactions des gens qui passent devant le cercueil. » La mise en terre se déroule ensuite dans l'intimité au cimetière de la ville.

La solidarité des Graylois, nombreux à signer les livres de condoléances disposés devant la basilique le jour des funérailles, persiste après la marche blanche et l'enterrement. Les Fouillot en ont une nouvelle preuve le 26 novembre. Ce soir-là, la troupe Musical Story, présidée par l'un des gérants de l'hôtel-restaurant *Au Mastroquet*, organise au théâtre de Gray un spectacle dont les recettes sont intégralement reversées au couple, dont le bar est toujours fermé. « Ce sont des gens super. Ils savent ce que c'est d'être commerçant. Je crois qu'on a touché 3 500 euros. C'était un geste énorme », salue Jean-Pierre Fouillot. « Ça montre à quel point les gens se sont impliqués », renchérit sa femme, émue.

Avant de monter sur scène pour remercier la troupe et les spectateurs, les époux Fouillot assistent au spectacle depuis une loge, en compagnie de leur gendre et de leur voisine Marie-Françoise Miallet. « Jonathann a pleuré non-stop », se souvient cette dernière, qui s'agace : « Encore une fois, il pleurait sur lui, sur son sort ! »

Rumeurs et arrestation

Peu à peu, la vie reprend timidement à Gray, même si personne n'oublie Alexia. Les Gay rentrent en région parisienne, Jonathann Daval retourne à son travail, les Fouillot rouvrent leur bar. « Les habitués étaient fidèles au poste. C'était comme une seconde famille. J'aimais bien qu'ils soient là, mais pas forcément qu'ils parlent du drame, sinon on se mettait à chaque fois à pleurer », raconte Isabelle Fouillot. Au-dessus du comptoir, les parents d'Alexia accrochent des panneaux indiquant : « Votre silence est le plus beau des hommages. Merci de respecter notre sérénité. »

La plupart des clients de *La Terrasse* respectent ce désir. « J'allais souvent boire un café là-bas, mais je ne leur parlais jamais de l'affaire, pour ne pas raviver leur peine », confirme un commerçant graylois. Certains n'ont cependant pas cette délicatesse. « Je me souviens d'une cliente qui m'avait dit "Bon, j'ai fait 45 kilomètres pour venir dans votre établissement, j'espère que vous allez me raconter un petit peu !" », s'indigne la mère de la disparue. « De nombreuses personnes sont venues apporter leur soutien à mes clients, ce qui compte beaucoup à leurs yeux, mais d'autres passent par curiosité, comme s'ils allaient au zoo », déclare au *Figaro* Me Florand, qui a été l'avocat du couple Fouillot jusqu'à la fin de l'année 2019.

Pour certains membres de l'entourage d'Alexia, il est cependant parfois difficile de se manifester auprès des Fouillot. Ainsi, Cindy Antoine, présente à la grande battue, à la marche blanche et à l'enterrement « pour les soutenir », ne parvient pas à retourner dans son ancienne rue pour rendre visite aux parents de son amie. « Je n'ai jamais pu y aller, j'avais peur de tout revoir, de ne pas savoir quoi dire à Isabelle et Jean-Pierre... », confie l'aide-comptable, la gorge serrée. Elle prend tout de même sur elle pour passer au bar-PMU *La Terrasse*. « Forcément, me voir, ça faisait remonter beaucoup de choses à la surface pour eux. Ce n'était facile pour personne », poursuit-elle.

De son côté, Marie-Françoise Miallet fait en sorte de multiplier les attentions envers ses voisins. « Je voyais Isabelle et Jean-Pierre pratiquement tous les jours, chez eux, chez moi ou au bar. J'essayais de faire ce que je pouvais, comme tous leurs amis, mais on se sentait quand même impuissants, parce qu'on ne pouvait pas prendre cette immense douleur sur nous. On ne pouvait qu'être présents pour eux », relate la retraitée. « Pendant cette période, tout le monde a été adorable avec nous. Nos voisins turcs notamment : dans leur culture, ceux qui viennent de perdre quelqu'un ne doivent rien faire. Alors, ils nous ont apporté à manger », se rappelle Isabelle Fouillot.

Les parents d'Alexia voient fréquemment leur gendre. « Il venait très souvent dîner chez nous. Et ça nous faisait mal à chaque fois, parce qu'il manquait une personne », raconte Jean-Pierre Fouillot. Ils reçoivent aussi beaucoup leurs proches, auxquels se mêlent parfois des membres de la famille de Jonathann. Lors de leurs auditions, ces derniers décrivent d'ailleurs des soirées de fête où l'alcool coule à flots. Des déclarations qui indignent les Fouillot. « On avait besoin d'être ensemble ! Oui, on a bu du champagne, mais ce n'est pas parce qu'on a bu du champagne qu'on était heureux... », déclare Isabelle Fouillot. « Ça n'avait rien à voir avec la java ou la beuverie ou quoi que ce soit dans ce genre. Imaginez l'état dans lequel on était », complète son époux.

Quant au maire de Gray-la-Ville, il croule sous le courrier. « J'ai reçu de nombreux messages, anonymes ou pas, venant de toute la France. Je ne m'attendais pas du tout à ça ! Certains courriers étaient destinés aux Fouillot, ou à Jonathann Daval. Je ne sais pas ce qu'ils contenaient, puisqu'ils ne m'étaient pas adressés. Je suis allé plusieurs fois les déposer dans les boîtes aux lettres des personnes concernées. D'autres messages m'étaient destinés. Chacun y allait de sa petite théorie. Et plusieurs émettaient l'hypothèse que le meurtrier pouvait être Jonathann Daval... », explique Yvan Guignot.

Elles courent, elles courent, les rumeurs, dans la ville de Gray autrefois si tranquille… « Oui, ça parlait, lâche Cindy Antoine. Moi, je préférais laisser causer les gens. Quand on m'interrogeait, je confirmais qu'Alexia était une très bonne copine, je n'en disais pas plus. »

C'est dans cette étrange ambiance que les semaines s'enchaînent et qu'arrive le premier Noël sans Alexia. Un déchirement pour toute sa famille élargie, réunie autour des parents, de la sœur et du mari de la jeune femme. Puis l'année 2017 s'efface pour laisser place à 2018.

Pendant ce temps, l'enquête se poursuit. Dans la matinée du lundi 29 janvier 2018, Jonathann Daval est interpellé à son domicile par les forces de l'ordre. Ce n'est une surprise ni pour lui ni pour ses avocats. « Quinze jours avant, un article d'un journal local a annoncé la garde à vue de Jonathann. Il n'est pas resté très longtemps en ligne, mais suffisamment pour que l'information nous soit transmise. On a alors compris que certains journalistes avaient des informations selon lesquelles notre client allait être placé en garde à vue. On a donc prévenu Jonathann Daval qu'il existait un risque. Il était constant dans son attitude : ni désinvolte ni nonchalant, quasiment fataliste », racontent-ils.

Lorsque, le 29 janvier, le portable de Me Randall Schwerdorffer se met à vibrer sans interruption, ce dernier comprend donc tout de suite ce qui est arrivé. Un coup de téléphone aux gendarmes, et l'avocat se met en route pour Gray-la-Ville. Devant le pavillon de la rue de Sonjour, il croise le père d'Alexia, venu, sur le conseil de la gendarmerie, rechercher sa Porsche garée dans le garage du jeune homme. À l'intérieur de la maison, les gendarmes, qui ont notifié à Jonathann Daval ses droits, mènent une perquisition. Puis l'informaticien est transporté au fort judiciaire militaire de Besançon, dans les locaux de la section de recherches.

L'image de la famille unie dans la douleur se disloque. Les Fouillot, qui avaient toute confiance en leur gendre, subissent le choc de plein fouet. Mais les parents d'Alexia refusent d'abord de croire en la culpabilité du trentenaire. « La veille encore, ils avaient décliné une invitation à la maison parce que Jonathann ne se sentait pas bien et était avec eux », se souvient Marie-Françoise Miallet. « Le lundi matin, alors que je venais de monter chez eux, Jean-Pierre est arrivé du bar en lançant : "Les gendarmes disent que c'est Jonathann ! C'est pas lui, c'est pas possible !" Personne ne pouvait y croire. Le ciel nous est vraiment tombé sur la tête. » Même réaction chez Christophe Laurençot : « Je suis tombé des nues. J'avais appris à connaître Jonathann à travers le drame. Il était tellement proche des Fouillot, qui l'associaient à chaque décision… Il semblait complètement abattu par la mort de sa femme, on avait l'impression qu'il ne s'en remettrait jamais. »

Au fort judiciaire militaire, la première audition de garde à vue ne donne rien. Les gendarmes abattent leurs cartes lors de la deuxième audition. L'un des enquêteurs vérifie que Jonathann Daval sait que sa voiture professionnelle contient un traceur GPS, puis lui demande d'expliquer pourquoi le 28 octobre 2017, vers 5 h 30 du matin, le véhicule se trouvait à quelques mètres du lieu où le cadavre de son épouse a été retrouvé. Le suspect répond que sa femme a peut-être pris la voiture elle-même. Le gendarme embraie : « Ce serait Alexia qui serait allée voir l'endroit où elle allait être tuée ? C'est compliqué votre histoire. » Jonathann Daval suggère alors que quelqu'un d'autre aurait pu prendre la voiture. Hypothèse que le gendarme repousse. « Combien y a-t-il de clés de ce véhicule chez vous ? » « Une. » « Le matin, quand vous vous êtes réveillé, ces clés étaient là ? » « Oui. » « Ce serait donc quelqu'un qui serait venu dans la nuit, qui aurait pris les clés, qui aurait emmené et tué Alexia, puis rapporté la voiture et les clés ? »

Autre élément qui accuse l'informaticien : des traces de pneus ont été découvertes près de l'endroit où la dépouille de la Grayloise a été retrouvée. Or, ces empreintes sont similaires à celles du véhicule professionnel du jeune homme.

Jonathann Daval n'a pas d'explications, pas plus qu'il n'en a quand les gendarmes l'interrogent sur les déclarations d'un de ses voisins. Ce dernier a fait savoir aux enquêteurs qu'aux alentours d'1 h 30 du matin dans la nuit du 27 au 28 octobre 2017, il a entendu une voiture passer le long de la maison des Daval. Ce voisin, certain de ses affirmations, évoque le bruit caractéristique causé par le passage d'un véhicule sur une plaque métallique instable située à droite du pavillon du couple. Or, Jonathann Daval affirme *mordicus* que ni lui ni son épouse n'ont quitté leur domicile après leur retour de la soirée raclette, peu avant minuit.

La nuit passe. Le lendemain, la troisième audition de garde à vue dure plus de cinq heures. Les gendarmes interrogent notamment le suspect sur une bombe aérosol retrouvée chez lui. Une bombe sans bouchon, qui correspond parfaitement au capuchon abandonné à côté du cadavre d'Alexia… Puis vient le coup de grâce : le drap retrouvé autour du corps de la banquière. Un tissu orné d'un motif identique à celui qui se trouve sur les draps dont le couple a hérité à la mort de la grand-mère de la jeune femme…

Mais rien n'y fait. Jonathann Daval ne craque pas. « Les gendarmes misent tout sur le fait que Jonathann Daval n'a aucune expérience de la garde à vue. C'est quand même la section de recherches, ce sont des pros, ils sont bons, commente Me Schwerdorffer. Mais si vous essayez d'obtenir quelque chose de lui par des méthodes d'interrogatoire classiques, vous n'y arriverez pas. Rentrer dans Jonathann Daval, c'est contre-productif. Il est verrouillé. Ils essayent toutes les méthodes, ils sont très incisifs, mais ils n'y arrivent pas. »

L'audition se termine. Le trentenaire s'entretient avec ses avocats. « On lui a simplement dit que la situation était compliquée, qu'il fallait qu'il prenne ses responsabilités, et qu'il valait mieux dire les choses », se souvient Me Schwerdorffer. Jonathann Daval reste seul quelques minutes. Puis l'audition suivante commence. Et immédiatement, il se lance : « C'est moi. » Il assure qu'après leur retour du dîner raclette, Alexia a fait une « crise extrêmement violente ». « On était dans la chambre, je l'ai mise sur le lit et je l'ai maintenue contre moi et sans le vouloir je l'ai étouffée », déclare-t-il, en insistant sur le fait qu'il n'avait pas l'intention de tuer sa femme.

L'informaticien est alors mis en examen pour « meurtre sur conjoint », un crime réprimé par l'article 221-4 du Code pénal, qui peut valoir à son auteur la réclusion criminelle à perpétuité. Il est placé en détention provisoire à la maison d'arrêt de Dijon.

« Je me suis senti soulagé, je me suis dit qu'au moins on aurait enfin des réponses », raconte Grégory Gay. Mais chez la plupart des autres proches d'Alexia, pas de soulagement qui tienne. Le choc est trop grand. « J'étais sidérée.

Au tout début, j'avais du mal à y croire, parce que ça ne correspondait absolument pas à l'idée que je me faisais de Jonathann. Mais bon, il avait avoué. Alors j'ai pensé : "S'il dit que c'est lui, c'est que c'est lui. C'est terrible, affreux, comment a-t-il pu faire ça?" », confie Marie-Françoise Miallet.

« Mes beaux-parents sont tombés des nues, ils ne comprenaient pas, reprend Grégory Gay. Ils n'ont pas été capables de l'entendre tout de suite, il leur a fallu encore plusieurs jours avant d'intégrer que c'était lui. » Isabelle Fouillot confirme : « Quand Jonathann a été placé en garde à vue, nous avons été entendus par la gendarmerie. Dans le camion, avec Jean-Pierre, on se demandait : "Tu crois vraiment que c'est lui?" On se disait tous les deux : "Non." On ne voulait pas, on n'arrivait pas à y croire. On l'aimait comme un fils. » Lors de cette audition, les enquêteurs montrent aux Fouillot un drap saisi lors de la perquisition rue de Sonjour puis le drap retrouvé autour du corps d'Alexia dans le bois d'Esmoulins. « Je ne l'ai pas reconnu », affirme la mère de la victime. « C'était tout simplement trop énorme à accepter… »

Peu à peu, l'idée fait cependant son chemin chez les parents d'Alexia. « Pour eux, ça a été une immense trahison, un deuxième drame. Pendant trois mois, ils s'étaient tous soutenus mutuellement », témoigne Marie-Françoise Miallet. Me Jean-Marc Florand, qui est alors l'avocat du couple, évoque lui aussi une « terrible trahison de la confiance » que les Fouillot plaçaient en Jonathann. « On n'avait rien compris au film… Il nous a bien bernés, comme il a berné la France entière, grince Jean-Pierre Fouillot. Et qui sait quand il a commencé à nous mentir ? Peut-être bien avant la mort de notre fille ! »

Les collègues du jeune homme, qui avaient fait bloc autour de lui après le drame, sont tout autant abasourdis. Les aveux de l'informaticien « ont été un gros choc, parce qu'on ne s'y attendait vraiment pas », confie Denis Carnet, le patron de Fourot, à BFMTV. « On était à fond avec lui, on le soutenait, on faisait tout pour essayer de le réintégrer au mieux. Parfois il y avait des bruits qui couraient. Ça mettait tout le monde en colère, parce que ce n'était tout simplement pas possible », insiste le chef d'entreprise.

Dans le bassin graylois, la stupéfaction causée par les aveux de Jonathann Daval se mêle au soulagement : aucun criminel ne rôde dans les parages, les habitants peuvent dormir sur leurs deux oreilles. « Ce qui remontait à la mairie, c'est que les habitants avaient hâte que le meurtrier soit attrapé pour enfin cesser d'avoir peur. Il n'y a pas eu de retour à une vie normale jusqu'à ce que Jonathann Daval avoue », assure Christophe Laurençot. « Même si j'en suis restée bouche bée, j'ai été très soulagée d'apprendre qu'il n'y avait pas de rôdeur en liberté dans le coin. On se faisait vraiment des films », confirme Cindy Antoine.

« Mais tout le monde était étonné, déçu, écœuré de penser que ce garçon avait pu faire une chose pareille. Les voisins du couple étaient encore plus choqués que les autres. Imaginez, ils dormaient juste à côté sans savoir qu'il se passait un drame..., commente Yvan Guignot. C'est là qu'on se rend compte que ce genre de choses peut survenir n'importe où. On lit des faits divers dans le journal, ailleurs en France, mais cela peut arriver même à Gray-la-Ville. »

Peu à peu, un scénario se dessine. Le vendredi 27 octobre 2017, au retour d'une soirée chez les parents de la jeune femme, le couple se serait disputé et en serait venu aux mains – ce que Jonathann Daval a expliqué dès sa première audition, lorsque les enquêteurs lui ont demandé d'où venaient les griffures sur ses bras. Le jeune homme aurait alors étranglé son épouse. Tôt dans la matinée du 28 octobre, Jonathann aurait transporté le corps d'Alexia dans le bois de Velet-Esmoulins avec sa voiture de fonction, puis serait revenu au domicile conjugal. Il aurait vaqué à ses occupations avant de feindre de s'inquiéter puis de lancer l'alerte.

Deux incohérences subsistent toutefois. Si Jonathann Daval reconnaît bien le meurtre de sa femme, il nie farouchement avoir tenté de brûler la dépouille. Ce qui soulève l'hypothèse d'une complicité. En outre, Jonathann Daval clame qu'il a étranglé Alexia par « accident ». Une version rejetée par la procureure de Besançon Edwidge Roux-Morizot, qui affirme que « la mort a été donnée volontairement et non pas accidentellement ». Le rapport d'autopsie laisse en effet peu de doutes sur la terrible fin d'Alexia…

Polémiques en cascade

Cette garde à vue est marquée par deux polémiques qui donnent encore plus d'écho à l'affaire. Toutes deux sont liées à l'un des défenseurs de Jonathann Daval, Me Randall Schwerdorffer. Dans le Grand Est, l'avocat à la carrure imposante est connu comme le loup blanc. Le natif du Vaucluse, qui a toujours exercé à Besançon depuis le début de sa carrière en 2001, représente notamment le Dr Frédéric Péchier, anesthésiste soupçonné d'une vingtaine d'empoisonnements, dont neuf mortels.

Mais l'affaire Daval le propulse dans une tout autre dimension. Il entre dans le dossier début novembre 2017, après avoir accepté de représenter Jonathann à la demande de Me Florand, l'avocat des Fouillot. « Me Florand nous avait dit que les douleurs des parents, de la sœur et du beau-frère, du mari étaient des douleurs différentes et qu'il valait mieux avoir des avocats distincts », explique Isabelle Fouillot.

Dans cette affaire, Me Schwerdorffer travaille de concert avec deux confrères. « Sur un dossier comme celui-ci, il était important d'avoir plusieurs approches », note-t-il. Dès qu'il a accepté de représenter Jonathann Daval, l'avocat a demandé à son associée depuis 2015, Me Ornella Spatafora, de lui prêter main-forte. « Elle a à peu près le même âge qu'Alexia, et est donc plus à même de comprendre le monde des jeunes d'aujourd'hui », souligne Me Schwerdorffer. La jeune avocate est très souvent en contact avec la famille de Jonathann Daval, notamment sa mère Martine Henry, et se rend fréquemment à la maison d'arrêt de Dijon. « Dès le départ, elle a eu un contact très positif avec Jonathann, et c'est fondamental », estime Me Schwerdorffer.

Pendant les premières semaines qui ont suivi la disparition et la mort d'Alexia, Me Schwerdorffer et Me Spatafora ont « fait connaissance » avec leur nouveau client, sans pour autant « vraiment rentrer dans la sphère les uns des autres ». « On le rencontre, on se constitue partie civile, on l'informe de ce qui va se passer, mais on en reste là », raconte Me Schwerdorffer, qui décrit un Jonathann Daval « extrêmement doux et discret ».

C'est au moment du placement en détention provisoire du trentenaire que Me Samuel Estève, du barreau de Dijon, a intégré l'équipe d'avocats, qui a basculé de la partie civile vers la défense. Depuis, si Me Spatafora gère majoritairement les relations avec Jonathann Daval, Me Estève « s'occupe plus de la stratégie judiciaire » avec Me Schwerdorffer.

Des trois avocats, Randall Schwerdorffer est sans conteste le plus médiatique. Le 30 janvier 2018, à la mi-journée, c'est lui qui est interrogé par la presse sur le déroulement des auditions de son client. Il déclare alors : « Il y a des éléments qui sont gênants concernant la version de Jonathann Daval. C'est une garde à vue compliquée, on nous a apporté des éléments qui méritent d'être vérifiés, qui effectivement posent de véritables questions. Jonathann Daval n'est pas soupçonné par hasard, il y a des éléments sérieux. En l'état, je ne suis pas là pour dire si Jonathann Daval est coupable ou innocent. La seule personne capable de le dire, c'est lui-même. La garde à vue n'est pas encore finie. »

« On a estimé que j'accablais Jonathann Daval, analyse l'avocat. Mais il fallait que je dise quoi ? "Tout va bien, il n'y a pas de problème, mon client n'a rien fait, les preuves ne veulent rien dire ?" À un moment, soit on est dans le réalisme, soit on est dans la bêtise ». L'avocat estime qu'il est « aberrant » de juger qu'il accable son client. « Quand je fais cette déclaration, je sais ce qu'il y a dans le dossier, je sais que Jonathann va avouer. Quelle crédibilité aurais-je eue à aller crier sur toutes les chaînes de télévision : "Il est innocent, c'est une erreur judiciaire ?" Le seul qui pourrait me reprocher quelque chose, c'est mon client lui-même. Il sait qu'il peut avoir tous les avocats de France s'il veut. Il y en a d'ailleurs un certain nombre qui n'ont pas manqué de lui faire savoir qu'ils étaient prêts à prendre son cas gratuitement… »

Me Schwerdorffer rappelle que le conseil régional de discipline des avocats l'a d'ailleurs relaxé le 1er février 2020 dans cette affaire. Il était poursuivi à la suite de ces propos devant la presse pour « violation du secret de l'enquête », « violation du secret professionnel » et « violation du secret au titre du règlement intérieur national ». « Ce que j'ai fait là, je l'ai fait dans d'autres procès, y compris médiatiques – mais rationnellement médiatiques –, et cela n'a jamais créé de difficulté. Ça aurait été une affaire régionale, ça n'aurait pas posé de problème. »

Toujours le 30 janvier, mais cette fois-ci après les aveux du suspect, Me Randall Schwerdorffer s'exprime à nouveau devant les caméras. À une journaliste qui lui demande comment Jonathann Daval explique son geste, il répond : « Il dit qu'ils avaient une relation de couple avec de très fortes tensions. Alexia avait une personnalité écrasante. Il se sentait complètement dominé, rabaissé. À un moment il y a eu des mots de trop, une crise de trop, qu'il n'a pas su gérer, et ça a débordé. » La phrase « Alexia avait une personnalité écrasante » est reprise partout et fait scandale.

Les proches d'Alexia sont frappés de plein fouet. « On la tue une deuxième fois », chancelle Jean-Pierre Fouillot.

« C'est tellement dur à entendre... On vient de se rendre compte que c'est notre gendre qui est le meurtrier, et en un claquement de doigts, c'est Alexia la méchante, c'est sa faute si elle a subi ce qu'elle a subi ? Alexia n'était pas autoritaire. Elle savait ce qu'elle voulait dans la vie, point barre. Jonathann ne lui était pas soumis, il était mou, sans tempérament », s'emporte Isabelle Fouillot, furieuse de voir sa cadette ainsi « salie ». « Quand ça ne va pas dans un couple, on se sépare, on ne tue pas son conjoint ! » insiste la sexagénaire.

« C'était juste une fille qui savait ce qu'elle voulait, qui était déterminée, qui avait du caractère, mais ce n'est pas pour autant qu'elle était oppressante. Et si je me trompe et que Jonathann se sentait oppressé, ce n'est de toute façon pas une excuse pour lui taper dessus. Que Schwerdorffer ait une ligne de défense, on le conçoit tout à fait. Par contre, essayer de faire naître un doute sur ce qu'était Alexia, ça nous a été insupportable », complète Grégory Gay.

« Ça m'a fichue en colère. Alexia, ce n'était pas ma fille, mais je la connaissais depuis toujours. Elle n'avait rien d'une personnalité écrasante, témoigne à son tour Marie-Françoise Miallet. Les avocats font leur boulot, mais je n'ai pas aimé la façon d'agir de Me Schwerdorffer, sa façon d'insinuer des choses fausses. Alexia, c'était une nana vive, sympa, entraînante, serviable... À l'opposé de ce qu'a décrit Me Schwerdorffer. »

C'est alors que Marlène Schiappa, depuis New-York, s'immisce dans l'affaire Daval. Sur le réseau social Twitter, la secrétaire d'État chargée de l'Égalité entre les femmes et les hommes partage une capture d'écran d'un article de presse évoquant les propos tenus par Me Randall Schwerdorffer. « Pour tous ceux qui demandent un exemple de *victim-blaming* dans le récit, en voici », écrit-elle. Un avis partagé par Laurence Rossignol, l'ancienne ministre des Droits des femmes, qui réagit elle aussi sur Twitter : « Dans les affaires de violences faites aux femmes et de viol, il y a toujours un moment où la victime, dominatrice ou aguicheuse, devient la cause du crime qu'elle a subi. »

« Les mots de Marlène Schiappa m'ont fait un bien fou. Elle aurait été à côté de moi, je l'aurais embrassée ! Elle prenait la défense de ma fille, c'est tout ce qui comptait à mes yeux, je m'en fichais de la politique », déclare la mère de la victime. En revanche, sans surprise, l'intervention de la secrétaire d'État ulcère le camp adverse, et notamment les avocats de la défense de Jonathann Daval.

Sur la forme, Me Schwerdorffer tient à rappeler le principe fondamental de séparation des pouvoirs entre exécutif et judiciaire. Sur le fond, l'avocat souligne que ses propos reflètent non pas sa position mais celle de son client. « Je ne connais pas Alexia, je ne connais pas Jonathann plus que ça. Quand je dis qu'Alexia a une personnalité écrasante, ce sont les mots de Jonathann.

Est-ce vrai ou est-ce faux ? Il y aura un vrai débat au procès, lorsqu'on tentera de comprendre le passage à l'acte de Jonathann. Quand on essaie d'entrer dans la réalité du couple, on ne cherche pas à agresser l'image d'Alexia ou à valider le meurtre. On veut comprendre pourquoi quelqu'un, qui n'avait aucune personnalité criminelle à la base, est devenu un criminel. On n'essaie pas de salir Alexia pour sauver Jonathann. »

L'avocat estime qu'« on est en train de créer une société inversement sexiste » : « Une femme qui tuerait un homme en disant : “J'ai été oppressée”, ça ne susciterait aucune réaction dans l'opinion publique, ce serait entendable. Mais une femme, par nature, elle est parfaite, elle ne peut pas être écrasante ? »

Il est comme ça, Me Schwerdorffer : quand les projecteurs – et notamment ceux de la presse nationale – se braquent sur lui après une prise de parole saillante, il surenchérit avec une autre déclaration encore plus choc. Au risque de s'attirer des critiques tout sauf voilées de ses confrères, et de solides inimitiés. Peu lui chaut, à l'en croire : « Si on avait peur de déplaire, il faudrait qu'on change de métier ! Je vais être très cru, mais on s'en fout complètement de choquer. La seule chose qui nous intéresse, c'est le procès de Jonathann. On ne fera pas de concessions sur la défense de notre client », lance-t-il en allumant une énième cigarette.

À l'écart de toutes ces polémiques, Jonathann Daval vit très mal son incarcération à la maison d'arrêt de Dijon. Il pleure beaucoup, déprime et maigrit à vue d'œil, lui qui est déjà très sec. « Il est soulagé d'avoir parlé, mais il fait une décompensation phénoménale. Sa situation physique devient inquiétante », assure Me Randall Schwerdorffer. Le suspect est finalement interné dans le service médico-psychologique régional (SMPR) du centre hospitalier La Chartreuse, qui occupe une aile de la maison d'arrêt de Dijon. Ses défenseurs se félicitent de cette prise en charge qui lui permet en effet d'aller un peu mieux.

Le 9 mars 2018, le mis en cause réitère ses aveux devant le magistrat instructeur. Restant dans la logique de sa dernière audition de garde à vue, il réaffirme qu'il n'avait pas l'intention de tuer son épouse et qu'il n'a en aucun cas tenté de brûler son corps. « Le juge est un très bon juge, mais il ne crée pas de lien avec Jonathann Daval. On n'avance pas », déplore une source proche du dossier.

En juin, un psychologue et un psychiatre ayant examiné Jonathann Daval rendent leurs rapports. « Sous un aspect fragile, dépendant, soumis, les tests mettent en lumière un homme déterminé, plutôt dominant, qui peut, le cas échéant, devenir colérique, voire agressif, frustré affectivement, dépendant de l'objet aimé », note le premier expert. Une analyse en contradiction totale avec celle des avocats du jeune homme, qui affirment sans relâche que ce dernier était « vraiment dominé » par sa femme.

Le deuxième expert complète : « Jonathann Daval expose une relation complexe avec son épouse avec qui il décrit une dégradation affective sur les dernières années. Il expose avoir subi des insultes régulières ainsi que des coups de la part de celle-ci. Ces humiliations répétées constituent autant de blessures narcissiques prenant un écho certain dans une certaine immaturité affective et dans un contexte de personnalité sensitive. » Le psychiatre n'hésite pas à qualifier le principal intéressé d'homme « dangereux sur le plan criminologique » et présentant « une propension à la toute-puissance et à la dangerosité »...

La théorie du complot familial

L'été 2018 est le théâtre d'un nouveau rebondissement spectaculaire. Entendu à sa demande par le juge d'instruction Rodolphe Uguen-Laithier le 27 juin, le suspect revient sur ses aveux. « Le juge est assez interloqué. Mais la nouvelle version de Jonathann Daval est crédible et doit être vérifiée », estime Me Randall Schwerdorffer. Le 4 juillet, le magistrat convoque les couples Fouillot et Gay pour les en informer. Ébahis, les quatre membres de la famille d'Alexia apprennent que Jonathann Daval les accuse désormais du meurtre de la jeune femme ainsi que de complicité.

La nouvelle version du trentenaire tient en deux mots : complot familial. Il livre désormais le récit d'une soirée raclette qui aurait mal tourné. Le vendredi 27 octobre, raconte-t-il, il est allé dîner avec Alexia chez les parents de cette dernière. Sont aussi présents Stéphanie, la sœur aînée d'Alexia, son époux Grégory et leur petit garçon, venus de Paris pour les vacances de la Toussaint. Au cours de la soirée, Alexia aurait été prise d'une crise d'hystérie. En tentant de la calmer, Grégory Gay l'aurait étranglée. Toute la famille aurait alors passé un pacte et décidé de garder le silence.

La famille d'Alexia s'élève vigoureusement contre cette version des faits. « Nous sommes tous restés calmes, nous savions que nous n'étions pas coupables. Mais nous étions très en colère intérieurement ! » se souvient Jean-Pierre Fouillot. « Je me suis dit que personne n'allait y croire, puis j'ai réalisé que ça pouvait faire son chemin dans certaines têtes. Nous n'avions pas peur pour nous, plutôt pour Grégory et Stéphanie, leurs boulots, l'école de leur fils… Quelle horreur c'était… » complète Isabelle Fouillot.

Dans leur entourage, nul n'accorde un quelconque crédit à cette nouvelle version. « Si ce n'était pas aussi triste, ce serait risible, réagit Marie-Françoise Miallet. Quand on les connaît, ce n'est pas envisageable un quart de seconde. Il faut quand même un sacré culot pour les accuser comme ça d'avoir tué Alexia. Je n'avais aucun doute, c'était trop gros. » Cindy Antoine secoue la tête : « Il continuait de mentir, voilà tout. Il est allé loin, quand même… »

Les Fouillot découvrent à cette occasion que les relations entre leurs gendres sont loin d'être au beau fixe. « Je pensais qu'ils s'entendaient bien… Je ne sais pas pourquoi Jonathann a accusé "Grégo", je me dis qu'il devait en avoir gros contre lui », soupire Isabelle Fouillot. « Quand ils se voyaient, ils s'entendaient, mais je dirais qu'il n'y avait aucun atome crochu entre eux », analyse Marie-Françoise Miallet.

« Je ne pense pas qu'ils aient la moindre affinité. À mon avis, Grégory Gay a longtemps été jaloux de la place prépondérante qu'avait Jonathann Daval dans cette famille. Jonathann était le préféré », estime quant à lui Me Schwerdorffer. « On voyait plus Jonathann que Grégory parce que le premier vivait à côté de chez nous et le second en région parisienne ! » conteste Jean-Pierre Fouillot.

En première ligne face aux accusations de son beau-frère, Grégory Gay, jusqu'ici plutôt discret, multiplie les initiatives. « Je veux essayer de faire disparaître cet écran de fumée qui nous écarte de la vérité. Je sais ce que j'ai fait et ce que je n'ai pas fait ! Tout ce que je vois, c'est que cette histoire nous éloigne, et que les enquêteurs perdent du temps à faire des investigations en ce sens, même s'il le faut bien pour ne pas être mis à défaut par les avocats de Jonathann », confie l'ingénieur.

La première des actions de Grégory et Stéphanie Gay consiste à recruter un ténor du barreau, Me Gilles-Jean Portejoie. L'ancien bâtonnier de Clermont-Ferrand, qui défendit Johnny Hallyday, Bernard Tapie ou encore Chantal Goya, représente notamment aujourd'hui Cécile Bourgeon, la mère de la petite Fiona, morte en mai 2013 après avoir subi des maltraitances. « Nous l'avions contacté dès janvier sans que cela aboutisse à ce moment-là. Mais au vu de la tournure des événements, nous l'avons rappelé début juillet », raconte Grégory Gay. « Les Gay sont directement mis en cause. Leur défense peut être un peu différenciée de celle des Fouillot », estime Me Portejoie, qui accepte la demande.

Entre l'avocat et l'ingénieur de recherches, le courant passe immédiatement. « Me Portejoie est très performant, on sent qu'il est intelligent, que c'est un fin stratège. Et moi, de mon côté, je suis combatif, j'aime l'action. Il répond à mes attentes, il me donne accès au dossier, on travaille ensemble », se félicite le mari de Stéphanie. « Grégory Gay est un intellectuel, un homme très méticuleux. Nous avons une relation de sympathie, nous nous sommes appelés presque tous les jours à une période », renchérit Me Gilles-Jean Portejoie.

Nouvel avocat, nouveau positionnement. Bien qu'il juge « très désagréable de se retrouver en Une des médias », le couple Gay accorde plusieurs interviews. C'est d'ailleurs à la suite d'un article du *Parisien,* dans lequel le changement d'avocat des époux est annoncé, que naît le grand projet de Grégory Gay et de Me Portejoie : une confrontation des proches d'Alexia avec Jonathann Daval.

« Tout est parti de cet article dans lequel je disais notamment que j'avais envie d'avoir Jonathann face à moi. À ma grande surprise, tous les journaux ont repris cette portion-là de mes déclarations en titre de leurs propres papiers. Avec Gilles-Jean, on s'est dit que c'était ça qu'il fallait faire », déclare Grégory Gay. Jean-Pierre et Isabelle Fouillot s'associent finalement à cette requête, à laquelle le juge d'instruction accède rapidement.

Pendant ce temps, la défense de Jonathann Daval ne reste pas inactive. Une première demande de libération est déposée début octobre. Une requête « cohérente » puisque le trentenaire clame désormais son innocence, explique un de ses avocats, Me Randall Schwerdorffer. Du côté des proches de la victime, c'est l'indignation. « J'ai trouvé ça inadmissible. L'idée que le meurtrier de notre fille demande sa remise en liberté… Nous n'avions pas vraiment peur qu'il sorte de prison, mais c'était dur », réagit Isabelle Fouillot.

Le 11 octobre, la demande de Jonathann Daval est rejetée par un juge des libertés et de la détention de Besançon. Ses conseils font appel, mais essuient un deuxième refus le 30 octobre. Jour ô combien symbolique : le 30 octobre 2017, la dépouille d'Alexia était retrouvée à moitié calcinée dans le bois d'Esmoulins.

Aux yeux des parents d'Alexia, cet épisode judiciaire n'aura eu qu'une seule vertu : leur faire découvrir le déroulement d'une audience, eux qui n'avaient jamais été en contact avec le monde de la justice auparavant. Leur tristesse et leur gravité s'envolent un court instant lorsqu'ils pouffent en se souvenant des plaidoiries des avocats. « C'était tellement théâtral, avec les grands gestes, les robes et tout », explique Jean-Pierre Fouillot.

Ce mois d'octobre 2018 est d'autant plus éprouvant pour les proches de la jeune femme qu'un an auparavant, Alexia leur a été arrachée. Pendant plusieurs jours, ils doivent faire face à un cortège de douloureux anniversaires, revivant encore et encore la disparition de la jeune femme et sa fin tragique. « Une année sans toi... Ton neveu a soufflé une bougie sans toi, mais pas un jour ne passe sans qu'il te sourie. Tu vis avec nous au quotidien. Je resterai combative comme nous l'avons toujours été toutes les deux, ensemble », écrit Stéphanie Gay sur sa page Facebook.

De son côté, l'hebdomadaire local *La Presse de Gray* publie une poignante lettre d'Isabelle Fouillot à sa fille. Dans la première partie de son texte, elle évoque surtout son gendre. « Il y a un an, un monstre s'est arrogé le droit de t'enlever la vie sous des coups effroyables, de t'étrangler, de te brûler. [...] Quelle rage, quelle férocité pour agir de telle sorte. Pense-t-il aujourd'hui à tout ce qu'il t'a fait subir ? A-t-il des remords ? Est-ce qu'il t'a aimée un jour pour en arriver à de telles extrémités ? Nous a-t-il aimés un jour, nous qui l'avions accueilli comme un fils ? »

Isabelle Fouillot cesse ensuite complètement de mentionner Jonathann, pour se concentrer exclusivement sur Alexia. « Je rêve d'une vie où tu es encore là, avec nous, souriante comme toujours. [...] Mais je me réveille et je suis dans ce film d'horreur. [...] Je ne suis que souffrance. Je n'arrête pas de pleurer. [...] L'absence de toi est une injustice sans nom. La douleur me ronge de l'intérieur, sans cesse. Pas une seconde de répit, tellement il m'est insupportable d'être séparée de toi. Tu me manques. [...] Alexia, tu es en moi, tu ne me quittes jamais. Tu es partout, tu irradies de ta lumière, et tu me donnes ta force, ton courage. [...] Nos cœurs saignent à jamais, mais ils sont remplis d'amour pour toi, éternellement. »

Le mois suivant, *Sept à Huit* révèle un document qui met à mal la nouvelle version de Jonathann Daval. Dans l'ordinateur du trentenaire, les enquêteurs ont découvert un fichier intitulé « Planning ». Un emploi du temps du couple Daval les 27 et 28 octobre 2017 y est détaillé. Emploi du temps en grande partie fictif, puisqu'il est désormais établi qu'Alexia est morte dans la nuit du vendredi 27 au samedi 28...

« Vendredi 27. Le matin petite crise de personnalité, elle n'était pas bien, je l'ai couchée, elle m'a mordu en haut du bras droit. [...] Après-midi, elle a fait des courses à l'Inter, fait une salade de fruits et riz au cacao. [...] Arrivée chez les beaux-parents vers 20 h 15 avec l'Audi, salade de fruits, riz au cacao. [...] En rentrant, Alexia a fait tourner une machine à laver et moi le lave-vaisselle », écrit d'abord Jonathann Daval, retraçant ainsi la dernière journée de sa femme.

Le reste du récit concernant Alexia est le fruit de son imagination. « Samedi 28. Lever tous les deux 7 heures et déjeuner ensemble devant série *Grinder.* Un peu de salade de fruits. Avant 9 heures, salle de bains, elle s'habille en vêtements de sport. J'ai vidé le lave-vaisselle, étendu le linge, j'ai pris une douche. 9 h 15, bisous, câlins. Elle a envoyé un message à sa sœur [...]. Elle a descendu le seau à compost. »

Dans la dernière partie du document, Jonathann Daval décrit ce à quoi il a consacré sa matinée du 28 octobre. « Je suis allé chez mes parents vider le seau à compost, j'ai bu un café avec ma maman. [...] Je suis repassé par la maison. [...] Je suis allé au bar boire un café avec Jean-Pierre. Je suis allé chez Fourot récupérer une imprimante pour le voisin. Mon patron travaillait ce samedi matin. Je suis retourné à la maison, elle n'était toujours pas rentrée. J'ai commencé à la chercher, je suis allé chez ses parents. Je suis reparti avec Grégory pour refaire le parcours. On est allés à la maison, aux urgences et à la gendarmerie. »

Confrontation décisive

Excédée d'être accusée par Jonathann Daval, la famille d'Alexia – et Grégory Gay en premier lieu –, met en place sa contre-attaque. Par le biais de Me Portejoie, les proches de la jeune femme signalent au juge d'instruction leur récente découverte : l'ADN relevé sur un cheveu retrouvé dans le coffre du véhicule professionnel de Jonathann correspondrait à celui de Martine Henry, la mère du suspect. Le 28 novembre 2018, cette dernière réagit auprès de BFMTV. « Ça ne me choque pas du tout, parce qu'un cheveu c'est volatile », assure-t-elle, estimant que ce cheveu a pu se retrouver dans la voiture après qu'elle a « serré » ou « embrassé » son fils. Niant toute « complicité », elle se dit « très en colère » que Grégory Gay tente « à travers (elle) de déstabiliser Jonathann en vue de l'audience de demain ».

Le 29 novembre, Jonathann Daval est en effet entendu pour la quatrième fois par le magistrat instructeur, qui lui soumet le résultat des investigations réalisées en cinq mois. La conclusion est sans issue : l'ensemble des éléments mettent à mal la nouvelle version du trentenaire. Ce dernier maintient cependant ses affirmations du 27 juin.

Une semaine plus tard, le 7 décembre, l'informaticien est à nouveau extrait de prison pour un quadruple rendez-vous capital : les confrontations avec chaque membre de sa belle-famille, à la demande de cette dernière. Tout se passe au palais de justice de Besançon, dans le bureau du juge d'instruction Rodolphe Uguen-Laithier. Le suspect se retrouve d'abord face à celui qu'il accuse d'avoir tué Alexia, son beau-frère Grégory Gay, puis dans un second temps face à la femme de ce dernier, la sœur d'Alexia, Stéphanie. « C'est un travail de picador », souligne Me Gilles-Jean Portejoie, évoquant les toreros chargés de piquer les taureaux lors d'une corrida.

« Jonathann est très passif, on sent qu'il est un peu ailleurs, mais il maintient sa version », se souvient Grégory Gay. De leur côté, les conseils de Jonathann Daval, qui « n'attendaient rien des confrontations avec les Gay », décrivent un moment « glacial ». « Jonathann Daval et Grégory Gay n'ont rien en commun, ils ne s'aiment pas, et cela se voit. La confrontation est stérile. Jonathann est complètement fermé. »

Arrive ensuite le tour d'Isabelle Fouillot. L'espoir que le trentenaire se livre renaît. « On connaît Jonathann. On sait que lorsqu'il est mis en présence de son beau-père ou de sa belle-mère, il peut se passer des choses qui ne sont pas rationnelles », souligne Me Schwerdorffer.

Isabelle Fouillot entre dans la pièce. Elle s'assied face au bureau du juge d'instruction Rodolphe Uguen-Laithier, aux côtés du procureur Étienne Manteaux – qui a succédé à Edwige Roux-Morizot – de son avocat Me Florand, de Jonathann Daval et de l'avocate de ce dernier, Me Spatafora. Me Schwerdorffer est debout derrière. Dans un coin, le bureau de la greffière. Sont aussi présents « toute une ribambelle de gendarmes ».

Dès le début, un changement s'opère. « C'est la première de la famille à dire bonjour à Jonathann. C'est tout simple comme signe, mais ça compte beaucoup, parce qu'il est dans la pire position. Il est touché par ce salut qui est un bonjour normal, lui qui est dans une position anormale, donc ça résonne d'autant plus », raconte Me Schwerdorffer.

Malgré ce début prometteur, Jonathann Daval persiste dans ses dénégations. « Je pensais pouvoir lui parler directement, mais le juge m'a fait comprendre qu'il était le seul à poser les questions, que ce ne pouvait être une discussion entre Jonathann et moi », relate la mère d'Alexia. Le magistrat accepte cependant que la quinquagénaire montre à son gendre la photo qu'elle a apportée.

Sur le cliché, désormais agrandi et affiché au rez-de-chaussée de la maison des Fouillot, Alexia tient le chat Happy dans ses bras. Jonathann est profondément troublé.

« Il a dû être ébranlé de voir ce qu'il avait perdu », estime Isabelle Fouillot. « Il est très ému par l'association des deux mais cela ne fonctionne pas », appuie Me Schwerdorffer.

Me Florand tente donc une approche différente. « Il dit à Jonathann qu'il n'est pas là pour le juger, que sa belle-mère souffre, que sans vérité il ne peut y avoir ni pardon, ni paix. Il ne lui parle pas comme un avocat de la partie adverse, plus comme un religieux peut parler à un fidèle. C'est ciselé, mais finalement pas suffisant », raconte Me Schwerdorffer, qui sort alors fumer une cigarette.

Au retour de l'avocat, alors que l'audition est officiellement terminée, Isabelle Fouillot s'adresse directement à son gendre. Le juge d'instruction laisse faire. « Jonathann, si tu aimes encore Alexia, si tu nous aimes encore, tu ne peux pas nous laisser comme ça. On ne peut pas vivre sans savoir », lance la mère de la disparue. Les quelques personnes présentes dans le bureau assistent alors à un véritable tournant dans l'affaire. Jonathann Daval s'effondre en larmes et se jette à genoux devant sa belle-mère, avant d'avouer avoir tué Alexia. Isabelle Fouillot, elle aussi en pleurs, le relève et le serre dans ses bras. « C'était pour lui dire merci. Merci d'avoir parlé. Merci d'avoir libéré Grégory et Stéphanie, surtout. »

Me Schwerdorffer n'en revient toujours pas. « On n'a jamais vu ça dans une enceinte judiciaire », déclare-t-il.

Sa consœur Me Spatafora insiste : « Vous imaginez, il reconnaît devant sa belle-mère avoir tué sa femme, elle le relève et le prend dans ses bras ? »

Après ce moment d'« émotion colossale », l'ambiance change cependant du tout au tout. Grégory Gay, Stéphanie Gay, Me Gilles-Jean Portejoie et Jean-Pierre Fouillot, qui patientaient dans la salle d'attente, découvrent que la presse dispose d'éléments sur la confrontation entre Jonathann Daval et Isabelle Fouillot. Me Portejoie se lève pour aller en informer le juge. « Au même moment, la porte du bureau s'ouvre et nous sommes invités à entrer, puisque la confrontation est terminée », précise Jean-Pierre Fouillot. Furieux, l'avocat des Gay fait une entrée fracassante en criant au scandale. « Tout est balancé dans la presse ! », assure-t-il avant de montrer au juge des captures d'écran d'articles faisant état de la confrontation.

Qui a parlé? Courroucé, le magistrat instructeur ordonne de faire revenir dans son bureau les forces de l'ordre présentes pendant la confrontation, afin de vérifier si l'origine de la fuite se trouve parmi elles. Mais très vite, il apparaît que pendant sa pause cigarette, Me Schwerdorffer a parlé à Martine Henry, la mère de Jonathann. L'avocat assure qu'il ne lui a « pas dit grand-chose » : « seulement que Jonathann est effondré, qu'il a fondu en larmes devant la photo d'Alexia et du chat, que c'est compliqué. »

« De quel droit parlez-vous à cette femme ? » s'insurge Grégory Gay. « C'est sa mère, il y a un minimum de choses que je peux lui dire », répond le conseil de Jonathann Daval. La tension est à son comble entre les deux hommes, qui sont à deux doigts d'en venir aux mains. Le procureur s'interpose physiquement, Jean-Pierre Fouillot calme le jeu. « Ça chauffait dur. Tout le monde s'engueulait. On se serait crus dans un bar ! » décrit le sexagénaire, bien placé pour faire cette comparaison. De son côté, « lessivée », Isabelle Fouillot regarde la scène de loin. Elle est sous le choc des aveux de Jonathann, qu'ignorent d'ailleurs encore son mari, sa fille et son gendre, tant l'altercation est survenue rapidement. « On en a presque oublié la chose la plus importante ! »

Cette fameuse pause cigarette vaut à Me Randall Schwerdorffer d'être poursuivi pour « violation du secret professionnel ». « Je revendique ce que j'ai dit à la maman de Jonathann. On a quand même une liberté d'expression ! J'attends mon procès avec impatience », plastronne l'avocat. L'affaire est dépaysée et une audience est planifiée devant le tribunal correctionnel de Strasbourg (Bas-Rhin) le 23 janvier 2020. Ce jour-là, un renvoi au 28 avril est prononcé en raison de la grève des avocats contre la réforme des retraites. Le procès n'a finalement pas lieu le 28 avril, en raison du confinement lié à la pandémie de Covid-19, mais le 8 octobre. À l'issue de l'audience,

Me Randall Schwerdorffer est relaxé, comme l'avaient réclamé ses avocats... ainsi que le procureur de Strasbourg.

Revenons à Besançon, le 7 décembre 2018. Conséquence de l'incroyable retournement de situation que constituent les nouveaux aveux de Jonathann Daval, l'entrevue de ce dernier avec Jean-Pierre Fouillot, le père d'Alexia, est annulée. « Je regrette sans regretter... J'aurais bien voulu poser des questions à Jonathann, mais l'essentiel était qu'Isabelle ait réussi à le faire avouer », glisse le sexagénaire.

Le juge d'instruction accorde toutefois aux Gay et aux Fouillot une entrevue de quelques minutes avec Jonathann Daval. « Ce qui s'est passé à ce moment-là, eux seuls le savent. Mais on imagine très bien de quoi ils ont parlé », commente Me Schwerdorffer. « On s'est retrouvés dans une petite pièce borgne. Stéphanie et Grégory ont eu du mal à y aller ; d'ailleurs, ils ne sont restés que très peu de temps », raconte Jean-Pierre Fouillot. Les Gay veulent savoir pourquoi Jonathann les a accusés. Celui-ci ne fait que balbutier : « Je ne sais pas, je ne sais pas. » La sœur d'Alexia et son mari quittent alors la pièce.

Restés seuls avec le trentenaire, les Fouillot l'interrogent sur la crémation du corps de leur fille. Jonathann assure qu'il n'y est pour rien, et qu'aucun membre de sa famille n'est impliqué. À plusieurs reprises, il chuchote ensuite qu'il est impardonnable. Avant de sortir à leur tour, les parents d'Alexia serrent leur gendre dans leurs bras.

Pourquoi ce geste ? « Je voulais le remercier encore une fois. Je pensais que c'était la dernière fois qu'on le reverrait. Et puis c'est aussi parce qu'on l'a aimé. C'est dur de "désaimer" quelqu'un..., souffle Isabelle Fouillot. Je pense que lui aussi tenait sincèrement à nous. Mais il nous a quand même faussement impliqués dans cette histoire de complot familial... Évidemment, il essayait de se dédouaner, mais fallait-il pour autant qu'il nous incrimine, lui qui soi-disant nous aimait tellement ? »

En fin d'après-midi, le procureur Étienne Manteaux annonce devant la presse que Jonathann Daval a de nouveau confessé le meurtre de son épouse. « C'est la magie des confrontations », déclare Me Portejoie, l'avocat du couple Gay. Le rusé pénaliste se félicite de la tournure prise par les événements. « Ces rendez-vous auront eu des résultats au-delà de ce que nous espérions. C'est une divine surprise. » Plus tard, il affirme : « La parenthèse où mon client Grégory Gay a été accusé était une faute de défense. Mais on ne fait pas toujours ce qu'on veut... »

Du côté de la famille Daval-Henry, c'est la consternation. « Quand on me l'a dit, au début, je n'y croyais pas. En fait, Jonathann était dans le déni. Ça faisait longtemps qu'il était prisonnier de ses mensonges. Ce n'est pas faute de lui avoir demandé à l'époque de dire la vérité, quelle qu'elle soit. Ensuite, j'ai cru à son innocence. J'ai cru à sa vérité », confie Martine Henry à *L'Est Républicain*. La mère du mis en cause assure qu'elle continuera à épauler son fils contre vents et marées. « On ne va pas l'accabler, au contraire. [...] On va lui faire comprendre que malgré tout, on sera là pour l'aider et qu'on le soutiendra jusqu'au bout. Il est enfin sorti de ses mensonges. J'espère que ça l'aura libéré une bonne fois pour toutes. »

Martine Henry tient sa promesse et se rend à la prison de Dijon dès le lendemain, samedi 8 décembre. Elle raconte l'entretien avec son fils à *Sept à Huit* quelques jours plus tard. « Au début, on n'a pas eu de mots, mais des larmes. Les mots sont arrivés après. [...] Il nous a dit qu'il pensait qu'on ne viendrait plus le voir, qu'on ne voulait plus le voir du tout. Il s'est excusé de nous avoir fait du mal en mentant. » Elle jure que ni elle ni aucun membre de sa famille n'avait détecté le mensonge de Jonathann. Désireuse de « tout savoir » des événements de la nuit du 27 au 28 octobre 2017, elle assure qu'elle « veut que Jonathann soit puni pour ce qu'il a fait », mais réaffirme qu'elle sera présente à ses côtés malgré tout. « Je ne peux pas abandonner mon fils », insiste-t-elle.

Lors de ses échanges avec les journalistes de *L'Est Républicain* et de *Sept à Huit*, la mère de Jonathann a également une pensée pour la famille d'Alexia. Elle tient à s'excuser auprès des parents de la jeune femme. « J'espère qu'on pourra renouer de bonnes relations », déclare-t-elle. « Elle n'est jamais venue nous présenter ses excuses en personne, c'est simplement devant les caméras », réplique Isabelle Fouillot, très remontée contre les Henry-Daval.

Même si les nouveaux aveux de Jonathann constituent un retournement de situation majeur, ils ne signent pas pour autant la fin de l'affaire. Une question essentielle reste sans réponse. L'informaticien affirme toujours ne pas avoir tenté de brûler la dépouille de son épouse. Mensonge pour ne pas rajouter le sordide à l'horreur du meurtre ? Ultime verrou psychologique que le trentenaire ne parvient pas à faire sauter ? Intervention d'un complice ? Le mystère demeure entier. « Jonathann Daval a livré des aveux *a minima*, de nombreux points restent en suspens, de nombreuses zones doivent encore être explorées », souligne Me Portejoie.

La nouvelle juge d'instruction chargée de l'affaire, Marjolaine Poinsard, ne parvient pas à en savoir plus sur la question de la crémation du corps lorsqu'elle entend pour la première fois Jonathann Daval, le 30 janvier 2019. Mais sa « toute nouvelle approche du dossier » est saluée par les avocats de Jonathann Daval. « Elle comprend comment aborder Jonathann, qui en conséquence s'explique, se livre », souligne Me Ornella Spatafora.

De fait, la magistrate obtient du détenu « une version assez détaillée du déroulement des faits », confirme le procureur de la République de Besançon, Étienne Manteaux. Jusqu'à cette audition du 30 janvier, Jonathann Daval évoquait « des violences ayant entraîné la mort sans intention de la donner, une mort accidentelle », rappelle le procureur, « mais dans sa dernière version, il assume plus de violences volontaires de sa part ».

Jonathann Daval explique ainsi à Marjolaine Poinsard que, le soir du 27 octobre 2017, il a voulu quitter le domicile conjugal pour éviter une dispute, qu'Alexia a essayé de l'empêcher de sortir et qu'ils se seraient « agrippés ». Il aurait repoussé son épouse, qui l'aurait mordu. Il aurait alors étranglé la jeune femme pendant plusieurs minutes, jusqu'à ce que cette dernière s'effondre.

Au cours du week-end du 2 et 3 mars 2019, un événement curieux se produit à Gray-la-Ville. La maison de Jonathann et Alexia, située rue de Sonjour, est cambriolée. Des voisins donnent l'alerte en voyant la porte fracturée le dimanche matin. Les scellés, brisés, sont à terre. Le procureur de la République de la Haute-Saône, Emmanuel Dupic, écarte rapidement l'hypothèse d'un incident lié à l'affaire Daval en elle-même, évoquant un « vol d'opportunité », comme il s'en produit des centaines de milliers chaque année en France. Me Portejoie est lui aussi d'avis que l'incident n'a rien à voir avec le dossier.

Mais les parents d'Alexia sont sceptiques. « Nous avons été interloqués », soulignent les Fouillot. Les avocats du suspect ont eux aussi « du mal à penser que ce cambriolage n'a rien à voir avec l'affaire ». « Ce n'est pas un cambriolage traditionnel », commente Me Spatafora. « C'est très perturbant. Ce sont essentiellement des *sex toys* qui ont été volés... », ajoute Me Schwerdorffer. Opportunisme ? Fétichisme ? Voyeurisme ? Un an et demi après, le vol reste un mystère.

L'événement est d'autant plus singulier qu'il survient quelques jours seulement avant une visite du domicile des Daval, voulue et organisée par la juge d'instruction. Le mardi 5 mars, cette visite se déroule comme prévu, en présence de Jonathann Daval et d'un des conseils de ce dernier. Si le suspect se montre coopératif, rien de nouveau ne ressort de ce déplacement. « Il y avait déjà eu des perquisitions très fouillées. Mais la juge vient de rentrer dans le dossier, je pense qu'elle a envie de voir les lieux, d'être sûre que rien n'a été oublié. Et cela sert aussi de pré-reconstitution », explique Me Schwerdorffer. Toutes les attentes des protagonistes du dossier se portent donc sur la reconstitution du meurtre, attendue pour le mois de juin. « Nous espérons un choc » semblable à celui de la confrontation, déclare Me Portejoie au *Figaro*.

Reconstitution

Le 17 juin 2019, la petite commune de Gray-la-Ville est en état de siège : en ce lundi de fin de printemps, la très attendue reconstitution du crime va avoir lieu. La gendarmerie empêche les nombreux journalistes présents de s'approcher du pavillon dans lequel vivaient Jonathann et Alexia Daval. D'ordinaire tranquille, la rue de Sonjour est barricadée à ses deux extrémités. Les riverains sont calfeutrés chez eux. « Ça a été compliqué pour certains mais tout le monde a compris que c'était pour faire avancer les choses », glisse Yvan Guignot, le maire de Gray-la-Ville.

Avant l'aube, vers 5 heures du matin, les protagonistes de l'affaire arrivent au compte-gouttes. Fait rarissime pour une telle reconstitution, les proches d'Alexia, qui se sont constitués parties civiles, sont présents avec leurs avocats Me Portejoie et Me Florand. Les Gay ont laissé leur fils chez les parents de Grégory, Graylois eux aussi. Les Fouillot ont fini par accepter de venir, malgré leurs réserves initiales, particulièrement fortes chez Isabelle Fouillot. « La juge d'instruction a bien compris que Jonathann Daval était sensible à la présence de ses beaux-parents. Faire souffrir sa belle-mère lui est insupportable, tout comme faire souffrir sa mère d'ailleurs », glisse un des avocats de la défense.

Le suspect est quant à lui accompagné de ses trois conseils, Me Schwerdorffer, Me Spatafora et Me Estève. La juge d'instruction Marjolaine Poinsard, le procureur de la République de Besançon Étienne Manteaux, un greffier, des médecins légistes et des gendarmes complètent le tableau. Avant de commencer la reconstitution proprement dite, la juge d'instruction prend soin de collecter les portables des personnes présentes.

« La venue dans la maison a été difficile pour tout le monde », raconte Me Spatafora à la fin de la journée aux médias rassemblés à Besançon. C'est dans ce pavillon immaculé, qui appartenait aux grands-parents d'Alexia, qu'a grandi la mère de la victime, Isabelle Fouillot. C'est ici qu'Alexia a perdu la vie. « Notre fille était morte depuis déjà plus d'un an et demi. Et pourtant, c'était comme si elle était partie il y a un quart d'heure. Dans l'entrée, nous avons retrouvé ses blousons, ses chaussures, son parapluie… », décrit Jean-Pierre Fouillot.

L'enjeu de cette reconstitution est énorme. Jonathann Daval a avoué le meurtre, mais n'a jamais été totalement clair sur les circonstances qui ont entouré le décès de sa femme. Me Portejoie, l'avocat du couple Gay, n'a cessé de dénoncer « des aveux *a minima* ». Ce jour-là, pourtant, Jonathann se livre. « Il participe dès le début », confie son avocat Me Schwerdorffer, confirmant ce que le procureur Étienne Manteaux déclare à la presse à la fin de la journée. « M. Daval a expliqué que le 27 octobre 2017, un conflit avait éclaté entre son épouse et lui après leur retour d'un dîner chez ses beaux-parents. Mme Daval souhaitait avoir un rapport sexuel et M. Daval a refusé », retrace le magistrat, rappelant que la jeune femme se trouvait sous traitement de stimulation hormonale dans l'espoir d'avoir un enfant.

« Elle a commencé à me faire des réflexions. À me dire que je ne voulais jamais coucher avec elle. Que je n'étais pas un homme et que cela ne servait à rien qu'elle prenne un traitement. Que je ne voulais pas d'enfant avec elle », affirme Jonathann Daval. La dispute va *crescendo*. Selon ses propres déclarations, le trentenaire aurait alors décidé de quitter le domicile, aurait pris ses clés de voiture et se serait dirigé vers le garage. Alexia aurait voulu le rattraper et lui aurait pris les clés des mains. Les époux se seraient « agrippés » dans le couloir. Jonathann aurait repoussé Alexia plusieurs fois contre la rambarde de l'escalier menant au garage. Toujours selon l'informaticien, la jeune femme lui aurait porté des coups, l'aurait mordu et insulté. « C'est là que ça m'a mis hors de moi. Tout ce qui s'est accumulé, qui est remonté en même temps. J'ai pété un câble », explique-t-il.

Jonathann Daval aurait alors empoigné son épouse en haut de l'escalier menant au garage, aurait frappé son visage contre le mur en béton, lui aurait asséné entre cinq et dix coups de poing, toujours au visage, puis l'aurait étranglée pendant environ quatre minutes. Étienne Manteaux, qui situe la mort de la victime aux alentours d'1 h 30 du matin, indique que d'après les médecins légistes, « ces faits sont parfaitement cohérents avec les lésions constatées ». Jusqu'au détail le plus terrible : la jeune femme se serait vivement débattue, au point d'en avoir les ongles retournés. Insoutenable pour Isabelle Fouillot : « Elle a dû tellement souffrir. » « La pauvre… Ça a dû être l'horreur », frissonne Cindy Antoine.

Dans la maison, Jonathann Daval répète tous ces gestes, d'abord sur une gendarme « jouant » le rôle d'Alexia, puis sur un mannequin lesté du même poids que celui de la jeune femme. Aux dires des participants à cette reconstitution, la scène de l'étranglement est particulièrement dure à observer. « Au début, Jonathann s'est contenté de mettre les mains autour du cou de la gendarme, puis les a vite enlevées. La juge l'a repris et lui a dit de tenir quatre minutes. Et c'est long, quatre minutes… », relate Isabelle Fouillot. « C'est là qu'on se dit qu'il a vraiment voulu aller au bout », souffle Jean-Pierre Fouillot. Sur le moment, les époux, concentrés sur la scène, ne visualisent pas leur fille cadette à la place de la gendarme. « C'est maintenant que je l'imagine, que je réalise les horreurs qu'elle a subies », frémit la mère d'Alexia.

Le mannequin, qui a succédé à la gendarme, gît désormais dans l'escalier. Jonathann le tire et lui fait dévaler les marches en béton. Il le hisse dans le coffre de la voiture, qu'il assure avoir rentrée dans le garage quelques minutes après la mort de sa femme. Le trentenaire explique que pendant la nuit, il est descendu à plusieurs reprises dans le garage pour voir le cadavre de son épouse, comme pour vérifier que la situation était « réelle ». Le traceur du véhicule, qui s'active à chaque fois qu'une porte est ouverte, a ainsi émis à 4 heures, à 6 heures, à 8 heures… « Dans toute cette histoire, ce qui m'épate, c'est qu'il ait utilisé cette voiture alors qu'il savait qu'elle était équipée d'un *tracker*… », glisse d'ailleurs Jean-Pierre Fouillot.

Puis les participants quittent la rue de Sonjour pour le bois d'Esmoulins. Le cortège traverse Velet, la commune où habitent la mère et le beau-père de Jonathann, puis tourne à droite après avoir dépassé une petite gare abandonnée. À gauche, la forêt ; à droite, un champ. Quelques dizaines de mètres plus tard, le chemin de terre caillouteux et ponctué de nids-de-poule fait un coude. C'est ici que le trentenaire se serait garé le lendemain du meurtre.

Les environs sont placés sous surveillance maximale. Les champs et les bois grouillent de gendarmes. Dans les airs tournent un drone dernier cri et un hélicoptère. La Garde républicaine a même été appelée en renfort ; leurs montures sont bien plus adaptées au milieu boisé que n'importe quel engin motorisé. Des filets occultants isolent la portion de forêt où se déroule la reconstitution. Les médias, venus en nombre, sont soigneusement tenus à l'écart. Un photographe tentant de couper à travers champs pour se rapprocher est d'ailleurs immédiatement rattrapé… Même les véhicules transportant les parties civiles doivent s'arrêter à bonne distance, et les proches d'Alexia finissent le chemin à pied.

Sur place, Jonathann Daval sort le mannequin du véhicule. « Il le tire hors de la voiture par les pieds, la tête tombe par terre… » détaille Jean-Pierre Fouillot. Le jeune homme s'engage dans la forêt. Très vite, un panneau précise que le terrain est une propriété privée, que l'accès y est interdit et la chasse réservée. Il continue pourtant et se retrouve à l'embranchement de trois sentiers. Sans hésiter, il se dirige vers la gauche. Une flèche vert fluo tracée sur un arbre confirme qu'il s'agit de la bonne direction. Il traîne le mannequin sur quelques dizaines de mètres. « Comme un vulgaire sac de patates », décrit Isabelle Fouillot. « Ça, je le lui reprocherai toujours », enrage son mari.

Au niveau d'une nouvelle flèche verte, Jonathann Daval bifurque vers la gauche et traverse un fossé. Le voici arrivé dans un vaste espace où l'œil des participants à la reconstitution est d'abord attiré par un affût surélevé servant à la chasse, puis, très vite, par un arbre badigeonné de peinture verte au fond à gauche. C'est ici, entre deux gros troncs d'arbre couchés – aujourd'hui disparus –, que le corps d'Alexia a été retrouvé, couvert de branchages et partiellement calciné.

Jonathann Daval bascule le mannequin au-dessus d'un tronc. L'hypothèse de la complicité, qui taraudait les parties civiles, s'éloigne de plus en plus à cet instant. « Cela ne nous semblait pas évident qu'il ait réussi à transporter le corps seul entre la voiture et l'endroit où la dépouille est finalement retrouvée. Mais il démontre que cela ne lui pose aucune difficulté », relate Me Schwerdorffer.

« Jonathann est un costaud. Quand il est habillé normalement, il trompe son monde, on a l'impression que c'est un petit chétif. Mais ce n'est pas du tout le cas. C'est un marathonien ! » rappelle Jean-Pierre Fouillot. Pour appuyer les propos de son époux, Isabelle Fouillot dégaine une photo de leur gendre en tenue de sport, exhibant une musculature impressionnante. « J'ai arraché toutes les photos sur lesquelles il apparaissait, mais celle-ci, je la garde pour montrer que ce n'est pas du tout quelqu'un de faible. »

Son amie Marie-Françoise Miallet renchérit : « Pour courir des marathons, il faut du physique… Et aussi du mental ! »

Reste le dernier temps de la reconstitution, consacré à la partie du crime qui demeure la plus mystérieuse : l'incinération partielle du cadavre d'Alexia. Depuis ses premiers aveux, fin janvier 2018, Jonathann Daval n'a jamais dévié de sa version. Il nie avec énergie avoir tenté de brûler la dépouille de son épouse. Au fil de l'instruction, la plupart des acteurs du dossier penchent cependant de plus en plus vers l'hypothèse d'un ultime verrou psychologique que le trentenaire ne parviendrait pas à briser.

Dans le bois, le mis en examen continue de nier. La juge d'instruction le questionne sans discontinuer, pointe ses incohérences, le pousse dans ses retranchements, mais rien n'y fait. « Je me suis dit qu'on n'allait pas y arriver. Alors j'ai pris la parole, suivie par Jean-Pierre. On nous a laissé faire, narre Isabelle Fouillot. Nous l'avons supplié d'avouer en insistant sur le fait que ça ne changerait rien à sa peine et que ça ne nous ramènerait pas Alexia, mais que ça nous soulagerait. »

Sur le moment, l'informaticien ne craque pas. « Les parents d'Alexia essaient de le déverrouiller, mais le poids moral est trop lourd pour lui. Cet outrage ultime, cette quasi-profanation, il ne pouvait pas les reconnaître », analyse Me Schwerdorffer. Ce dernier et ses deux confrères demandent alors une suspension, qui leur est accordée. Ils s'entretiennent plusieurs minutes avec leur client. « On lui dit que s'il souhaite parler, c'est le bon moment. »

Alors vient le déclic, celui que tout le monde attendait. Le trentenaire avoue avoir tenté de brûler la dépouille de son épouse en enflammant la mousse, le drap et les branchages avec un briquet. « Tuer Alexia, c'est une chose. La brûler, c'en est une autre… Ça ajoute à l'horreur. Mais nous étions soulagés que ce nouveau pan de la vérité soit dévoilé », réagissent les Fouillot.

« Face à la demande pressante de ses beaux-parents qui l'ont imploré, et après un temps d'échange avec ses conseils, M. Daval a admis qu'il avait non seulement donné la mort mais aussi procédé à la crémation partielle du corps, résume le procureur de Besançon Étienne Manteaux. Il a demandé pardon, c'était un moment de grande émotion. »

Ce pardon, la famille d'Alexia n'est pas encore prête à l'accorder. Après la conférence de presse d'Étienne Manteaux, la mère de la victime, très émue, prend la parole quelques instants. « Le principal pour l'instant, c'est d'avoir la vérité. Le pardon, ça viendra un peu plus tard. Chaque chose en son temps, déclare Isabelle Fouillot. Alexia va peut-être pouvoir un peu reposer en paix maintenant. »

« Soulagé », Jonathann Daval l'est aussi, à en croire Me Estève, un de ses avocats. « Lorsque nous l'avions vu le vendredi qui a précédé la reconstitution, nous lui avions donné comme mot d'ordre : libérez-vous. Cette question de la crémation, c'était un des derniers blocages de Jonathann, cela le minait. Cet épisode-là en particulier, il ne pouvait pas le verbaliser. Or, il était dans son intérêt de ne pas persister dans un mensonge qui n'avait pas de sens. Lorsqu'il a avoué, il nous a paru soulagé. »

Me Schwerdorffer ajoute : « Personne ne croyait à ce dernier mensonge. Nous savions que le passage à Esmoulins allait être terriblement difficile mais capital. Et c'est ce qui s'est passé : le contexte émotionnel fort du bois et la présence des parents d'Alexia ont permis de déverrouiller Jonathann. Quand Jonathann Daval est dans l'émotion, sa parole se libère. Il veut donner aux parents d'Alexia ce qu'ils désirent. Avec lui, il faut y aller doucement. Il collabore, mais il faut lui laisser un peu de temps. »

Au risque de choquer – ce dont il est coutumier – l'avocat salue l'acte « extrêmement courageux » de son client, « malgré le drame, malgré ce qu'on lui reproche ». « Il a affronté la vérité devant ses beaux-parents qui en avaient besoin, estime-t-il. C'est une satisfaction pour les parties civiles, pour l'accusation, pour la juge d'instruction et aussi pour la défense, qui n'est pas là pour mentir, tromper, tronquer. Nous sommes plus que satisfaits. »

Des mois plus tard, Me Schwerdorffer assume ses propos. « Ce que j'ai dit a choqué, je le sais. Mais bien sûr que Jonathann a été courageux. Il a avoué le pire devant des gens avec lesquels il a un lien affectif fort. Il a compris que la seule chose qu'il pouvait faire pour ces gens-là, avec lesquels il a eu une relation exceptionnelle, c'était de leur avouer le pire. C'est horriblement difficile. S'il n'avait pas parlé, il y aurait toujours un doute. Désormais, on sait tout. Enfin. »

À la suite de la reconstitution, un complément d'expertise psychiatrique est ordonné. Un nouveau médecin examine Jonathann Daval et insiste sur sa « personnalité obsessionnelle ». Il confirme par ailleurs que le discernement du trentenaire n'était ni aboli ni altéré au moment du drame et qu'il peut donc être jugé normalement.

Renvoi aux assises

Les aveux complets de Jonathann Daval à l'issue de la reconstitution du 17 juin 2019 ne signent toutefois pas immédiatement la fin de l'instruction de cette affaire. Il faut attendre le 19 novembre pour que le procureur de Besançon, Étienne Manteaux, annonce finalement la clôture de l'information judiciaire. Estimant que « tout ce qui a été utile à la manifestation de la vérité a été demandé », le magistrat précise que le parquet de Vesoul – puisque le procès se tiendra dans cette ville, où siège la cour d'assises de Haute-Saône et du Territoire de Belfort – a un mois pour régler le dossier.

Le camp Fouillot ne l'entend cependant pas de cette oreille. En s'appuyant sur le rapport d'autopsie d'Alexia, l'entourage de cette dernière demande de nouvelles expertises, en plus de la cinquantaine déjà diligentée tout au long de l'instruction. Les proches de la victime sont persuadés que Jonathann Daval a tenté d'empoisonner son épouse « à petit feu ». Ils réclament par ailleurs que le trentenaire soit également poursuivi pour « modification d'une scène de crime » et « atteinte à l'intégrité d'un cadavre ».

Dans le même temps, les parents d'Alexia, Jean-Pierre et Isabelle Fouillot, annoncent qu'ils se séparent de Me Jean-Marc Florand, leur avocat depuis le début de l'affaire, soit depuis plus de deux ans. Il se disent « insatisfaits » et évoquent notamment des problèmes de communication.

Le couple s'adjoint les services de Me Gilles-Jean Portejoie, qui conseille déjà Grégory et Stéphanie Gay. « Nous apprécions son implication, sa réactivité, sa disponibilité », soulignent les époux. De son côté, Me Portejoie déclare admirer le « courage » avec lequel les Fouillot se « battent ». « Ils sont les victimes d'un véritable drame à répétition », insiste l'avocat.

Dans une interview accordée à *France Bleu Besançon*, Me Florand confie être « soulagé » de la décision des Fouillot, assurant qu'il voulait de toute façon renoncer à défendre les époux mais qu'il comptait leur annoncer « après les fêtes ». « C'est comme dans une relation médecin/patient, il faut un minimum de confiance. Quand vous avez des clients qui n'écoutent pas vos conseils, ou qui n'en tiennent pas compte, il faut en tirer les conséquences », glisse l'avocat.

Les avocats de Jonathann Daval regrettent d'ailleurs le départ de leur confrère. « Jean-Marc Florand abordait le futur procès de façon singulière : avec bienveillance. Ce qui peut paraître étonnant, reconnaît Me Schwerdorffer. On ne se sentait pas adversaires de Jean-Marc Florand dans ce dossier compliqué rempli de personnalités atypiques. Gilles-Jean Portejoie est plus adversaire. » Un positionnement qui convient parfaitement à Grégory Gay, que la « complicité » entre Me Schwerdorffer et Me Florand « dérangeait ».

Après cet important changement, l'année 2020 commence par une déception pour les Fouillot et les Gay. Leurs requêtes de la fin d'année 2019 sont rejetées par la juge d'instruction en charge du dossier, qui rend le 6 janvier son ordonnance de mise en accusation devant la cour d'assises, longue de trente pages. La magistrate instructrice rappelle que la jurisprudence considère que la « modification d'une scène de crime » et l'« atteinte à l'intégrité d'un cadavre » ne sont pas des délits distincts de l'homicide volontaire. Ces infractions présumées « relèvent sans conteste de la volonté de Jonathann Daval de cacher son crime », souligne-t-elle. Le principe de non-cumul des infractions s'applique, et seule la qualification la plus grave est retenue.

Dans le dossier, la qualification la plus grave est évidemment l'homicide. Avec ou sans préméditation ? La juge d'instruction va dans le sens du procureur de Besançon, qui estimait que « rien ne permet de penser à un assassinat ». La préméditation est écartée. Jonathann Daval est donc renvoyé aux assises pour « meurtre sur conjoint », une qualification qui pourrait lui valoir la réclusion criminelle à perpétuité. « Après, ce n'est pas parce que la préméditation a été écartée en droit qu'elle ne va pas être remise sur le tapis factuellement aux assises. Nous ne sommes pas naïfs ! » glisse Me Randall Schwerdorffer.

De fait, les Fouillot et les Gay n'en démordent pas : selon eux, Alexia a été empoisonnée « à petit feu » par Jonathann, ce qui démontrerait la préméditation. « Tous ces médicaments qui ont été retrouvés dans son sang et sur ses cheveux, le tramadol, le tétrazépam, le zolpidem… Ma fille ne les aurait jamais pris alors qu'elle voulait avoir un enfant ! Elle avait presque 30 ans, la tête sur les épaules, un certain niveau d'études. Elle connaissait bien notre médecin de famille. Elle ne se serait jamais amusée à prendre des cachets comme ça », s'exclame Isabelle Fouillot.

La sexagénaire est consciente que la thèse de l'empoisonnement aux médicaments va « être difficile, voire impossible, à prouver », mais elle compte bien « l'évoquer au procès », comme s'en doute Me Schwerdorffer. « De toute façon, que la préméditation soit retenue ou pas, Jonathann risque la perpétuité », se console la mère de la victime. « Mais pour nous, cela change tout », tient à préciser son époux.

Un autre sujet lié à ces fameux médicaments demeure un mystère à l'issue de l'instruction : les prétendues "crises" d'Alexia, régulièrement évoquées par Jonathann, notamment lors de ses aveux pendant sa garde à vue. L'enquête a établi que la jeune femme avait bien consulté un neurologue en mars 2017 pour des malaises dont elle ne gardait aucun souvenir. Les experts désignés dans le cadre de l'instruction n'ont cependant pas réussi à expliquer de manière certaine l'origine de ces malaises. Ils suggèrent une possible épilepsie, à laquelle la consommation de médicaments aurait pu contribuer, avancent-ils de manière très prudente.

Alexia faisait-elle preuve de violence pendant ces épisodes ? C'est ce qu'affirme son mari, mais il est impossible de le vérifier. L'existence de "crises" n'est en effet corroborée par aucun proche de la jeune femme. « Il n'y a que Jonathann qui en parle. Personne n'a jamais vu Alexia en faire, ni la famille, ni ses proches, ni au boulot », insiste Jean-Pierre Fouillot. « Ces crises qu'il décrit, elles n'existent pas, c'est du pipeau ! renchérit Isabelle Fouillot. J'attends de voir Jonathann à l'audience pour lui demander, les yeux dans les yeux, si Alexia était violente avec lui. »

Jonathann Daval désormais renvoyé devant la cour d'assises de la Haute-Saône et du Territoire de Belfort, reste à régler la question de la date du procès. Tout au long de l'année 2019, le procureur de la République de Besançon évoque le second semestre 2020, sans plus de précisions. En janvier 2020, Me Randall Schwerdorffer, le conseil de Jonathann Daval, affirme soudainement que l'audience pourrait se tenir fin mai ou courant juin 2020. Cette hypothèse est rapidement écartée, et un consensus s'établit autour du mois de novembre 2020. Mais la crise du coronavirus éclate et chamboule tout le calendrier judiciaire. Pendant quelque temps, il est question de décaler l'audience au mois de mars 2021. Finalement, c'est la semaine du 16 au 20 novembre 2020 qui est retenue.

En attente du procès

En attendant le procès, les protagonistes du dossier tentent tant bien que mal de mener une vie normale. Face à la pression, le couple Fouillot a fini par céder son bar. « Avec l'affaire qu'on a subie, travailler avec du public tous les jours, c'était très compliqué et usant, explique Isabelle Fouillot. Avant qu'on sache pour Jonathann, à chaque client qui entrait, je me demandais si c'était le tueur… Et même après, la physionomie des clients avait complètement changé. Il y avait de nombreux journalistes, qui ne se présentaient pas forcément, et beaucoup de curieux. » Les parents d'Alexia ont donc accepté avec soulagement la proposition de rachat faite par un couple de quadragénaires. « On a vendu en février 2019, plus tôt que prévu, mais on n'en pouvait plus », souffle Jean-Pierre Fouillot.

Les époux vivent désormais une vie de jeunes retraités. Monsieur rénove des maisons dans les alentours, madame s'investit au conseil municipal de Gray. Plus disponibles qu'avant, ils acceptent volontiers les invitations de leur entourage. « L'an dernier, un petit voisin de la rue s'est marié. Ils sont venus à la célébration, même si c'était dur pour eux, ils revoyaient leur fille, son mariage dans la même église… Quelques mois plus tard, ils sont aussi venus au mariage de ma fille et à la réception qui a suivi », raconte Marie-Françoise Miallet.

Ils ont aussi refait leur maison de fond en comble. « Nous avions prévu de faire ces travaux plus tôt, explique Isabelle Fouillot. Mais quand nous avons été accusés de complot familial, nous avons eu la présence d'esprit de demander l'autorisation au juge. Nous avions peur que les gens croient que nous cherchions à cacher des preuves. Et de fait, le juge nous a dit de ne toucher à rien… Nous avons attendu que la justice nous donne son feu vert et que le bar soit vendu pour nous lancer dans cette rénovation. »

Les Graylois s'occupent également de leurs petits-enfants. En décembre 2019, Stéphanie et Grégory ont eu un bébé, qu'Alexia ne connaîtra jamais. Isabelle Fouillot était très heureuse d'apprendre la grossesse de Stéphanie, mais craignait que le bébé soit une fille. « Je lui disais que ce serait sa petite-fille et pas une autre Alexia, mais elle appréhendait », confie Marie-Françoise Miallet. À la naissance de la fillette, les craintes d'Isabelle Fouillot se sont envolées.

Les époux ont réussi à se reconstruire une vie bien réglée, mais leur quiétude est fragile. Leur douleur est particulièrement ravivée quand ils boivent seuls leur apéritif du dimanche soir ; quand ils croisent une famille « heureuse » avec deux filles ; quand ils tombent sur une émission consacrée au meurtre d'une jeune femme à la télévision.

Impossible de ne pas songer à leur fille manquante. « Avant, quand j'entendais dire : "On ne se remet pas de la mort d'un enfant", je me disais qu'au bout d'un moment, on pouvait sûrement s'en remettre. Mais aujourd'hui, je me rends compte que j'avais tout faux. C'est impossible de se remettre de la mort d'un enfant. C'est impossible de l'oublier », confie Jean-Pierre Fouillot en triturant son collier, sur lequel est gravé le prénom de sa cadette. Un temps, le sexagénaire a songé à se faire tatouer en hommage à Alexia, avant de finalement opter pour ce pendentif rectangulaire. Sa femme en possède un similaire, en forme de cœur. « C'est pour la garder tout le temps avec nous », explique Isabelle Fouillot, les larmes aux yeux.

Impossible de ne pas songer aux enfants qu'Alexia aurait pu avoir. Des enfants qui auraient habité juste à côté de chez eux et qu'ils auraient pu garder à la sortie de l'école, comme leurs propres parents l'avaient fait pour Stéphanie et Alexia. « Jonathann nous a privés de ça », déplore le couple.

Et surtout, impossible de ne pas songer au procès à venir. Les Fouillot ont « l'impression de ne plus rien pouvoir faire » tant que l'audience du mois de novembre 2020 n'est pas derrière eux. « C'est surtout psychologiquement que ça nous occupe. Le temps est suspendu. On attend », résume la mère d'Alexia. « Même si on sait que le procès ne signera pas forcément la fin de l'affaire, parce qu'un appel est possible », tient à préciser le père.

Les parents d'Alexia fourmillent de questions. Depuis le premier anniversaire de la mort de sa fille, Isabelle Fouillot tient même un carnet dans lequel elle consigne ses pensées, ses interrogations, ses doutes. « J'ai hâte de pouvoir parler à Jonathann en face à face lors du procès, si j'y suis autorisée », lâche t-elle.

Une question hante particulièrement les Fouillot. « Pourquoi Jonathann en est-il arrivé là ? » Ils échafaudent mille scénarios, mais ne veulent pas entendre parler de « pétage de câble », une expression utilisée par le mis en cause lui-même devant la juge d'instruction. « Est-ce qu'à un moment on ne reprend pas ses esprits ? Alexia a quand même reçu dix à quinze coups de poing. Est-ce qu'à un moment donné on n'arrête pas ? Quand il commence à l'étrangler, au bout d'une minute, il aurait pu arrêter, elle était encore vivante. Il a tenu quatre minutes », s'effondre Isabelle Fouillot. « Un gars avec un flingue ou un couteau, une fois que c'est fait, il ne peut plus revenir en arrière. Là, il avait le temps de s'arrêter. Il a eu la volonté de tuer, d'aller jusqu'au bout », martèle Jean-Pierre Fouillot.

Les parents d'Alexia assurent « faire confiance » à la justice. S'ils espèrent que Jonathann Daval « n'aura pas le droit de revenir » à Gray, ils affirment ne pas se préoccuper de la peine dont pourrait écoper leur gendre. Jean-Pierre Fouillot hausse les épaules : « quinze, vingt, trente ans... Quoi qu'il en soit, ça ne nous ramènera pas Alexia. Un jour, Jonathann va sortir de prison. Il va retrouver une bonne amie, aller au restaurant, discuter avec Pierre, Paul, Jacques... » Autant de choses que ne pourra plus faire Alexia. « Il a bousillé la vie de notre fille, mais aussi la nôtre », ajoute le sexagénaire. « Pour l'instant, c'est nous qui avons pris perpétuité », résume Isabelle Fouillot.

De son côté, à la maison d'arrêt de Dijon, Jonathann Daval « attend que ce soit fini, sans jamais parler de son avenir », confie Me Schwerdorffer. « C'est peut-être l'un de nos seuls clients qui ne demande pas combien il va prendre », ajoute Me Ornella Spatafora. Le trentenaire est toujours à l'isolement, surveillé par quatre gardiens. Il fait du sport, voit régulièrement une psychologue « avec laquelle ça se passe très bien ». Et surtout, il reçoit des visites de sa famille. « Depuis que Jonathann est incarcéré, sa famille est très mobilisée, raconte Me Spatafora. Ils tournent toute leur vie autour de lui. Les visites ont lieu le lundi, le mercredi, le samedi. La mère de Jonathann essaie d'être toujours là. Tous les deux, ils sont fusionnels. Quand elle ne peut pas venir, elle organise les visites de manière à ce que les frères et sœurs y aillent à tour de rôle. »

Dans un commentaire posté en novembre 2018 sur son profil Facebook, Émeric Henry, le demi-frère de Jonathann Daval, confirmait : « Nous n'avons jamais tourné le dos à Jonathann. Nous l'avons toujours soutenu, nous le soutiendrons toujours et nous avons toujours été proches. » Le jeune homme assurait par ailleurs que toute sa famille « avait de la peine » vis-à-vis de « la perte d'Alexia » et qu'il fallait « arrêter de dire à tout-va que nous sommes impassibles envers ce drame ».

Les avocats de l'informaticien comptent les jours qui les séparent de l'audience. « Dans ce dossier, on sait tout mais on ne sait rien. Tant qu'on n'a pas été confronté à Jonathann, on ne sait rien. Finalement, c'est lui, l'inconnue de l'équation ! C'est pour ça qu'on peut tout écrire, tout lire… Les cinq jours de ce procès vont faire le verdict, affirme Me Schwerdorffer. Les gens, y compris les jurés, vont arriver avec des *a priori* terriblement négatifs ou très positifs sur notre client. Au bout d'un jour et demi d'assises, ils vont évacuer ce qu'ils ont vu, ce qu'ils ont lu, et ils vont vivre. Dans des grands procès comme celui-ci, certains moments ne sont plus rationnels. Tout se jouera vraiment à la barre. »

À une condition, et de taille : que l'accusé se livre. « Je ne vous parle pas d'un procès facile, ça peut très mal se passer. Ça risque d'être difficile car Jonathann est très impressionnable. Et dans une audience de cour d'assises, il faut déjà réussir à retrouver son souffle au moment où vous entrez..., reprend l'avocat. Jonathann ne se livre que dans les moments d'émotion, comme cela a été le cas lors de la confrontation et lors de la reconstitution. Et quand il le fait, malgré l'acte dont il est accusé, il génère beaucoup d'empathie. C'est très rare. Sur une centaine de dossiers aux assises, j'ai eu deux fois des gens qui reconnaissaient les faits et qui généraient énormément d'empathie. Ça a des conséquences sur un procès... »

Marie-Françoise Miallet espère quant à elle pouvoir assister en personne au procès. « Je n'ai jamais rien demandé à Isabelle, mais je veux y être. J'ai envie de voir Jonathann confronté aux gens qui le connaissaient, qui le voyaient autrement. J'espère qu'il sera puni sévèrement, comme il doit l'être. Il lui a fait tellement de mal. Les coups, et puis l'étranglement... Quatre minutes, c'est long. Elle a dû se voir partir, la gamine. C'est épouvantable. Mais je n'attends pas une vengeance, Alexia ne reviendra pas. J'ai aussi hâte que cette épreuve soit derrière Isabelle et Jean-Pierre. Je sais qu'ils la redoutent. J'espère qu'ils obtiendront toutes les réponses qui leur manquent, que cela leur apportera un peu d'apaisement. »

De son côté, Cindy Antoine suivra le procès « aux infos ». « Je ne me sentirais pas à ma place là-bas... Priorité à la famille. » La Franc-Comtoise a « hâte » de « savoir vraiment ce qui s'est passé » et de voir Jonathann Daval « puni pour tout ce qu'il a fait ». Elle confesse ressentir « de la colère, de la haine même » envers l'accusé. « Je ne comprends pas qu'on puisse faire ça à sa femme... »

Comme Marie-Françoise Miallet et Cindy Antoine, de nombreux habitants de Haute-Saône attendent avec impatience le mois de novembre. « Aujourd'hui, chacun a repris ses habitudes, mais tout le monde continue de parler de l'affaire et attend le procès, déclare Yvan Guignot. Évidemment, ce crime restera gravé dans la mémoire collective. Mais j'espère qu'une fois que le procès sera passé, les choses s'apaiseront enfin. Ce que j'aimerais, en tant que maire de la commune, c'est que la vie de la rue de Sonjour puisse reprendre. Je ne voudrais pas que la maison reste la maison du crime... Même si, ma foi, elle l'est. »

Le sort de ce pavillon est d'ailleurs l'une des grandes inquiétudes des Fouillot. « Je suis arrivée dans cette maison à l'âge de 5 ans, c'est mon père qui l'a construite. Mon souhait le plus cher est de la récupérer. Je n'ose pas imaginer que Jonathann puisse y remettre un pied après sa sortie de prison », frissonne la mère d'Alexia. « Isabelle, c'est ça dont elle a le plus peur », confie Jean-Pierre Fouillot.

Ce dernier passe « de temps en temps » rue de Sonjour pour « jeter un œil » de l'extérieur sur le pavillon, au contraire de sa femme, qui « ne peut plus y aller ». Elle évite aussi les environs de Velet et d'Esmoulins. « J'imagine le corps dans le bois... C'est trop horrible. »

En revanche, Cindy Antoine passe régulièrement rue de Sonjour en voiture. À chaque fois, elle ne peut s'empêcher de couler un regard vers le numéro 18, qu'elle a si bien connu. « Tous mes souvenirs remontent à chaque fois, je repense à tous ces après-midi passés à jouer ici... Ca me donne des frissons. Je n'ai jamais vu l'intérieur rénové. Alexia m'avait dit : "Tiens tu viendras voir la maison, on se programmera un truc ensemble." Mais on n'a pas eu le temps d'organiser ça avant sa mort. »

Depuis que la reconstitution est passée, les médias se font moins nombreux à Gray. Mais l'arrivée du procès pourrait bien changer la donne. Si Yvan Guignot espère que l'attention de la presse sera focalisée sur Vesoul, où se déroulera l'audience, Christophe Laurençot s'attend à ce que le bassin graylois soit de nouveau au centre de l'attention. « On sait qu'on va devoir affronter une vague médiatique en novembre. Des curieux vont certainement venir ou revenir ici. Tout cela, on l'anticipe, on le prépare. »

Une médiatisation exceptionnelle

Le maire de Gray parle d'expérience. Depuis la disparition d'Alexia Daval, soit plus de trois ans, la presse est omniprésente, et le grand public suit avec avidité chaque nouvelle péripétie de l'affaire. Pourquoi un tel intérêt ? La meilleure réponse est celle de la juge d'instruction chargée du dossier, Marjolaine Poinsard. « L'écho médiatique exceptionnel que l'affaire a connu est lié sans conteste, à l'origine, aux manœuvres imaginées par Jonathann Daval pour faire croire à un meurtre commis par un rôdeur assassin sur une jeune femme alors qu'elle pratiquait seule la course à pied. La couverture médiatique de cette affaire n'a pas cessé de prendre de l'ampleur depuis et jusqu'à ce jour, en raison des rebondissements survenus en cours d'instruction, et ceux-ci sont nombreux », écrit-elle dans son ordonnance de mise en accusation.

Dès les premiers jours de la disparition d'Alexia, les meurtres de joggeuses survenus ces dernières années en France ont en effet refait surface. Dans une dépêche reprise par de très nombreux médias, l'Agence France Presse égrène ainsi une longue liste de précédents, qui présentent parfois des similitudes glaçantes avec le cas d'Alexia. Martine, 49 ans, tuée le 17 août 2007 dans le Bas-Rhin. Marie-Christine, 42 ans, enlevée puis retrouvée morte en septembre 2009 en Seine-et-Marne. Natacha, 29 ans, violée, étranglée et poignardée en septembre 2010 dans le Nord. Patricia, 49 ans, retrouvée morte en Haute-Garonne le 30 mars 2011, seize jours après s'être volatilisée. Marie-Jeanne, 17 ans, dont le corps a été découvert carbonisé le 21 juin 2011 dans l'Ardèche. Jouda, 34 ans, tuée le 24 janvier 2013 dans le Gard. Gwendoline, 22 ans, poignardée le 8 septembre 2014 en Seine-Saint-Denis.

Il s'avèrera finalement qu'Alexia n'est jamais partie courir dans la matinée du 28 octobre 2017, puisqu'elle était déjà morte. Mais « l'émotion » du grand public, qui s'était à l'origine « cristallisée autour de la figure de la joggeuse », n'est jamais retombée, note Me Randall Schwerdorffer. En cause : les péripéties évoquées par la juge d'instruction. « Ce sont ces rebondissements qui ont accroché les médias et donc le grand public, confirme un Graylois. À chaque nouvelle version, c'était comme un feuilleton, les gens en redemandaient... ».

Me Schwerdorffer insiste aussi sur les personnalités hors normes mises en lumière par cette affaire. « Au début, je n'ai pas compris cette médiatisation. C'est une affaire criminelle comme il s'en produit tous les deux ou trois jours en France. C'est malheureux mais habituel. J'avais prévu qu'il y aurait quelques jours d'agitation lors des grandes étapes, puis rien jusqu'au procès. Ce que je n'avais pas saisi, c'est à quel point les protagonistes de ce dossier sont hors du commun. Que ce soit Alexia, Jonathann, les Fouillot, les Gay... Même chose chez les avocats. Je n'avais pas anticipé que ma personnalité pouvait heurter, provoquer. Cet agglomérat de personnalités particulières a provoqué l'engouement du grand public sur la durée. »

L'avocat continue : « Rajoutez à cela le contexte actuel, dans lequel on parle beaucoup des féminicides. Et enfin, le mensonge de Jonathann, un mensonge filmé, en direct, qui a glacé la France. Cela rappelle le phénomène Patrick Henry », cet homme qui avait enlevé puis assassiné un petit garçon en 1976, et qui clamait son innocence dans les médias avant d'être arrêté. Son confrère de la partie adverse, Me Portejoie, abonde dans son sens : « Qu'est ce qui fait que la France s'est passionnée pour cette affaire en particulier ? C'est que l'opinion publique a été interpellée, prise à témoin, appelée à la rescousse. Et après avoir vu Jonathann Daval pleurer devant les caméras pendant des mois, elle s'est sentie trahie. »

« Jonathann Daval a été pris à son propre piège », résume Yvan Guignot, le maire de Gray-la-Ville. « Il a monté son scénario, il s'est enfermé dedans, et il n'était certainement pas bien avec ce secret. Mais loin de moi l'idée de le plaindre ! Il n'a aucune excuse. Il aurait pu appeler les secours tout de suite, même s'il n'y avait plus rien à faire pour Alexia… »

Dans le bassin graylois, le battage autour de l'affaire Daval a en tout cas été globalement très mal vécu. « Dans les jours qui suivaient la disparition, notre petite ville a vraiment été perturbée. À chaque fois qu'on sortait, on tombait nez à nez avec des caméras. Même quand on allait faire des courses à l'Intermarché ! » se souvient Cindy Antoine.

Amie sur Facebook avec la disparue, la jeune femme a directement été contactée à plusieurs reprises. « Une fois, des journalistes ont sonné chez moi. Ça m'a fait peur. J'ai claqué la porte, je me suis enfermée à clef, j'ai fermé les volets, j'ai téléphoné à mon conjoint pour lui dire "Viens, j'en peux plus !" Depuis, j'ai changé ma ville sur mon profil Facebook. Et une autre fois, ils sont allés jusqu'à m'appeler au boulot. La standardiste me dit : "Une communication personnelle pour toi, tu prends ?" Je lui dis oui, on ne sait jamais, quelque chose aurait pu être arrivé à mes enfants. Je prends l'appel, et là je réalise que ce sont les médias… J'avais déjà eu du mal à encaisser la mort d'Alexia, je n'avais pas spécialement envie de leur parler. »

Désormais, même ceux qui avaient témoigné au départ se referment lorsqu'on aborde ce sujet. « Ah non, pas encore ! » s'insurge une commerçante. « Ça m'a valu des ennuis d'avoir parlé... », glisse une habitante. Après avoir accordé quelques interviews au moment de l'arrestation de Jonathann Daval et des aveux de ce dernier, Denis Carnet, le patron de la société Fourot, a cessé de répondre aux sollicitations de la presse.

Évoquant une « affaire très stressante et surmédiatisée », Gilles Dumont, qui fut maire de Velet entre 2014 et 2020, a également refusé de s'exprimer. Son homologue de Gray-la-Ville a quant à lui fait le choix inverse, mais n'hésite pas à donner son opinion sur la question. « Gray-la-Ville est une commune rurale et tranquille ; ce n'est pas du tout notre quotidien d'être sous le feu des projecteurs, souligne Yvan Guignot. Informer, c'est une chose ; médiatiser en est une autre. Ça nous a gênés et ça n'a pas fait avancer les choses. »

La juge d'instruction Marjolaine Poinsard est du même avis. Chose rare, elle consacre plusieurs paragraphes de son ordonnance de mise en accusation à déplorer la surmédiatisation de l'affaire. « Il convient de rappeler que le devenir et les avancées d'une procédure pénale se jouent en fonction de règles procédurales précises et contraintes, dans le cadre d'un cabinet d'instruction ou devant les juridictions, et non par voie de presse », tance-t-elle, avant de rappeler sévèrement que le dossier doit être analysé « au regard de considérations exclusivement juridiques, et non d'annonces publiques parfois tonitruantes et mélodramatiques ».

Les Gay et les Fouillot sont quant à eux partagés sur la question. « Il y a du pour et du contre, analyse le mari de Stéphanie. Le pour, c'est que ça a donné une importance considérable à l'affaire. Les autorités n'y sont pas allées de main morte en termes de moyens. On sentait bien que ce n'était pas un dossier qui allait traîner dans les placards. Le contre, c'est que ça a perturbé l'enquête à plusieurs reprises, et que Schwerdorffer en a profité pour aller faire sa publicité. »

« Depuis trois ans, on ne fait que découvrir et subir. Mais on n'a jamais été en guerre contre les médias », lance à son tour Jean-Pierre Fouillot. « Nous avons eu de mauvaises expériences mais aussi fait de belles rencontres », précise Isabelle Fouillot, qui ajoute que l'essentiel à ses yeux est que la presse et le grand public ne racontent pas « n'importe quoi ». La sexagénaire assure d'ailleurs avoir besoin d'évoquer sa fille. « J'ai besoin de la faire vivre. Je deviens folle si je ne parle plus d'elle. Je ne vais pas rayer trente ans de ma vie comme ça ! » déclare-t-elle, en larmes. Son époux est plus réservé. « Isabelle en parle plus facilement. Moi, je n'en parle pas. »

La tombe d'Alexia

La fille d'Isabelle et Jean-Pierre repose au cimetière de Gray. Vaste, aéré, apaisant, ce dernier offre une vue dégagée sur les collines qui l'entourent. Il borde l'avenue Jean-Jaurès, une longue artère rectiligne et résidentielle qui relie la place des Tilleuls – l'endroit où Alexia a été vue vivante pour la dernière fois – au rond-point des Hauts-Prés, situé dans la zone commerciale de l'agglomération grayloise.

Le calme du cimetière n'est troublé que par le vrombissement des véhicules qui le longent. Tout au fond, des dizaines de croix blanches forment un carré militaire où sont ensevelis des soldats des guerres de 1870-1871, 1914-1918 et 1939-1945. « Un carré unique en son genre dans le département », souligne fièrement un membre de l'association du Souvenir français croisé sur place.

Pour se rendre sur la tombe d'Alexia, il faut entrer par la porte principale, emprunter une première allée jusqu'au terre-plein central, faire le tour de ce dernier, puis prendre une longue voie jusqu'à un petit bout de pelouse sur lequel grandissent quatre arbres, quasi les seuls du cimetière. Ils offrent une ombre fraîche au visiteur qui voudrait s'installer sur un des deux bancs un peu rouillés installés là. Juste à gauche, impossible de rater la sépulture de la jeune femme. Sa tombe est la plus fleurie du cimetière. Aux géraniums, dipladénias et chrysanthèmes qui s'amoncellent semaine après semaine viendront peut-être un jour s'ajouter des roses "Alexia" ; un fleuriste a en effet contacté les parents de la jeune femme pour leur proposer de créer une rose au nom de leur fille.

Outre les fleurs, des pendentifs en forme de cœur sont accrochés sur une petite palissade bordeaux. Sur la pierre tombale, des galets colorés et des angelots blancs tiennent compagnie à plusieurs sculptures de chats qui rappellent l'attachement de la disparue à ces félins. À gauche, un grand ange récemment repeint en blanc, aux mains jointes sous le menton, veille sur cet assemblage hétéroclite.

Il n'est d'ailleurs pas le seul ange gardien de la dernière demeure d'Alexia. L'autre est inscrit à l'état-civil sous le prénom de Laurent, mais préfère qu'on l'appelle Laura, comme elle le glisse avec un grand sourire. Il faut la voir, dans son haut blanc à manches courtes et son pantalon rose à pois blancs, avec son bandana sur la tête – ce jour-là, elle a opté pour un foulard plutôt que pour sa perruque habituelle, car il fait très chaud –, en train de s'activer autour de la tombe. Elle se dévoue entièrement à sa tâche. Affairée, elle nettoie la pierre, arrose les plantes, réarrange les bibelots.

Laura ne connaît pas très bien le nom des fleurs, ni celles qu'elle soigne ni celles qu'elle apporte. Peu importe : pour elle, l'essentiel est ailleurs. Elle ne sait pas très bien ce qui la pousse à venir. Mais chaque semaine, elle est là. « Je ne sais pas ce qui s'est passé, mais je n'ai jamais rien ressenti d'aussi fort. Fin octobre 2017, j'ai entendu qu'une joggeuse avait disparu ; ça m'a touchée parce que moi aussi j'aime le jogging. Et puis j'ai appris qu'elle travaillait dans une banque à Planoise, où j'ai habité pendant cinq ans. Je pense que c'est aussi lié à l'agression que j'ai subie peu avant la disparition d'Alexia : depuis cet épisode traumatisant, je me mets facilement à la place des gens qui se font agresser. J'ai commencé à faire une fixation sur cette histoire. »

Laura décide alors de se rendre à la marche blanche du 5 novembre 2017 avec sa femme, lourdement handicapée depuis un accident survenu en 2010. C'est à cette occasion qu'elle voit pour la première fois, de loin, la famille d'Alexia. Comme des centaines d'autres participants, elle suit le parcours entre les deux ponts, dépose une rose devant le commerce des Fouillot et écoute les discours des proches de la disparue. Elle rentre chez elle encore plus bouleversée qu'auparavant.

Trois jours plus tard, elle est de retour à Gray pour l'enterrement de la jeune femme, toujours accompagnée de son épouse. Leur atypique duo – une femme transgenre poussant le fauteuil roulant d'une personne handicapée – intrigue certains des participants, y compris les Fouillot eux-mêmes. D'autant plus qu'à la vue du cercueil, Laura fond en larmes. « J'ai commencé à pleurer… Et ça ne s'est plus arrêté. Pendant dix-huit mois, tous les jours, je pleurais. J'ai commencé à aller au cimetière très souvent, tous les jours même pendant une certaine période. Je faisais des excès de vitesse tellement j'avais hâte de la voir ! J'y allais de façon excessive, mais je ne pouvais pas m'en empêcher. »

En Laura grandit l'envie de s'occuper de la tombe, mais elle n'ose le faire sans l'autorisation des parents d'Alexia. Elle décide alors de se rendre à *La Terrasse*, et fait peu à peu connaissance des Fouillot. Mais là encore, elle inquiète : en ce début d'année 2018, le meurtrier d'Alexia n'a pas encore été identifié. Un jour, elle reçoit un coup de téléphone des enquêteurs qui la convoquent pour un entretien. « La personne qui a eu des soupçons et qui a prévenu les autorités a bien fait ; j'aurais fait la même chose ! On dit souvent que le meurtrier revient sur les lieux du crime… », concède Laura. « J'ai simplement dit aux gendarmes que j'avais été très touchée par la mort d'Alexia, que j'y pensais très souvent et que j'avais envie de prendre soin d'elle. Je leur ai précisé que je restais à leur disposition. Je n'avais rien à me reprocher ! »

Peu après, Jonathann Daval est arrêté. Et les Fouillot commencent à s'habituer à Laura, qui s'enhardit à leur demander la permission d'entretenir la sépulture de leur fille. Elle obtient cette autorisation tant espérée. Et depuis bientôt trois ans, elle se rend une à trois fois par semaine au cimetière pour entretenir la sépulture d'Alexia, en prenant soin de s'éloigner dès que des proches de la jeune femme viennent se recueillir, pour ne pas les importuner. Seul le confinement du printemps 2020 l'a empêchée d'accomplir ce qu'elle considère désormais comme son devoir.

Le culte que Laura porte à Alexia va encore plus loin. Dans le jardin de sa maison, située à une quarantaine de kilomètres de Gray, Laura a bâti un mémorial dédié à la jeune femme. Elle a notamment installé un ange semblable à celui qui veille sur la tombe d'Alexia. « Tous les soirs, j'allume une lumière qui reste toute la nuit, décrit Laura. Et dans la journée, je parle à Alexia, même pour lui raconter des choses anodines. Je ne reste pas un quart d'heure sans penser à elle. »

Elle préfère en revanche ne pas trop songer à Jonathann Daval. « Évidemment, je me demande ce qui s'est passé, et comment on peut en venir à commettre à un acte aussi violent. Mais ce qui est important, pour moi, c'est Alexia. C'est un peu la femme parfaite à mes yeux… », confesse-t-elle.

Comme de nombreux habitants de Haute-Saône, elle aimerait assister au procès. « Mais je ne veux pas gêner.

Le palais de justice est tout petit, je me demande comment ils vont faire… Je demanderai l'autorisation aux Fouillot de venir, et s'ils me disent non, je ne serai pas vexée. Cette histoire leur appartient », insiste-t-elle, toujours soucieuse de « respecter » la douleur des proches de la disparue.

Laura sait que son attitude peut interpeller, déranger ou choquer. « Je comprends que certains puissent trouver cela excessif, mais je ne fais rien de mal. Maintenant, les Fouillot me connaissent bien. Ils savent qu'ils peuvent me faire confiance, que je ne fais rien dans leur dos et à quel point leur fille est importante pour moi. Tant que je pourrai venir prendre soin d'Alexia, je le ferai ! S'ils me demandent un jour d'arrêter, je respecterai leur volonté. Mais cela serait très dur pour moi. »

Tant que Laura garde ses distances avec eux et ne les envahit pas, Isabelle et Jean-Pierre Fouillot n'ont aucune intention de mettre un terme à cette situation. Ils apprécient que la tombe de leur cadette soit aussi bien fleurie et entretenue, et remercient Laura de son travail lorsqu'ils la croisent.

De leur côté, les parents d'Alexia se rendent souvent au cimetière, aussi bien ensemble que séparément. « J'arrose les fleurs. Je parle à ma fille – au début, je lui demandais qu'elle m'aide à trouver le criminel. Je prie aussi parfois. Nous sommes catholiques, pas forcément très pratiquants, mais nous nous sommes raccrochés à ça pour ne pas sombrer, quand vivre était au-delà de nos forces. On se dit qu'il y a peut-être quelque chose », confie la mère d'Alexia.

Le père, lui, ne parle à sa fille que lorsque sa femme n'est pas là. « Je lui dis qu'on ne l'oublie pas. Et souvent, je lui demande pardon de ne pas avoir vu ce qui arrivait. On culpabilise d'avoir été aussi naïfs, sanglote-t-il. Elle ne devrait pas être là, sous terre. Elle devrait être ici ou chez elle, en train de se baigner », ajoute-t-il en désignant la piscine d'un bleu éclatant qui occupe la majeure partie de la terrasse de sa maison.

Laura, Isabelle Fouillot et Jean-Pierre Fouillot sont les visiteurs les plus assidus au cimetière. Parfois, Marie-Françoise Miallet passe quelques instants devant la sépulture d'Alexia, située non loin de celle de son mari, décédé prématurément. « Mais je ne suis pas très cimetières. Pour moi, les gens ne sont pas là », déclare-t-elle. Il arrive aussi à Cindy Antoine d'y faire un tour. Elle ne parle pas, ne prie pas, n'arrange pas les fleurs : elle pense tout simplement à son amie d'enfance en regardant la tombe.

Depuis l'enterrement d'Alexia, cette tombe a d'ailleurs beaucoup évolué. Le 8 novembre 2017, la banquière a été inhumée sous son nom de femme mariée. Mais quelques mois plus tard, une fois convaincus de la culpabilité de leur gendre, ses parents ont fait changer la plaque qui ornait une croix en bois toute simple pour qu'apparaisse le nom de jeune fille de leur cadette. « Après la garde à vue, tout le monde nous demandait pourquoi on avait mis le nom de Jonathann. Mais comment aurait-on pu savoir au moment de l'enterrement ? » s'insurge Jean-Pierre Fouillot.

La croix de bois à vocation temporairc a désormais été remplacée par une plaque de marbre noir. Une photo de la jeune femme, cheveux courts, lunettes noires, tout sourire, complète l'inscription « Alexia Fouillot 1988-2017 ». Sur Facebook, en revanche, le compte commémoratif de la banquière porte toujours le nom « Alexia Fouillot Daval ».

Quel que soit le nom gravé sur la plaque de marbre de la tombe ou inscrit sur les réseaux sociaux, aux yeux du grand public, la jeune femme restera pour toujours Alexia Daval, la victime de « l'affaire Daval ». Ce qui fait grimacer Isabelle Fouillot : « Je n'aime pas quand on l'appelle comme ça ».

Pour ses proches comme pour tous les habitants de Gray, la jeune femme est donc simplement Alexia. Alexia la joyeuse, la dynamique, la fonceuse. Et c'est ainsi qu'ils aiment se souvenir de l'« enfant du pays ».

Épilogue

En novembre 2018, le ministre de l'Intérieur, Christophe Castaner, et la secrétaire d'État chargée de l'Égalité entre les femmes et les hommes, Marlène Schiappa, rendent publique une étude menée par la direction générale de la police nationale, la gendarmerie nationale et la délégation aux victimes. Selon cette étude, 109 femmes sont mortes victimes de la violence de leur partenaire ou ex-partenaire en 2017. Dans les années qui suivent, ce terrible nombre ne cessera d'augmenter : 121 en 2018, 149 en 2019.

Alexia Daval est-elle l'une de ces femmes ?

Pour répondre à cette question, malgré les aveux du suspect et en vertu de la présomption d'innocence, il faudra attendre que la cour d'assises de la Haute-Saône tranche : Jonathann Daval a-t-il tué son épouse à leur domicile dans la nuit du 27 au 28 octobre 2017 ?

Quand la procédure judiciaire prendra fin, les proches de la jeune femme devront continuer à vivre.

Toujours sans Alexia.

Mais, ils l'espèrent, avec le sentiment que justice lui aura été rendue.

Remerciements

Après plus d'un an et demi de travail, c'est avec une reconnaissance infinie que je remercie :

les personnes qui ont accepté de répondre à mes questions, celles qui apparaissent nommément au fil des pages comme celles qui ont préféré rester anonymes,

mes éditeurs, Arnaud Le Guern et Julie Daniel, ainsi que toutes les équipes du Rocher,

mes chefs du *Figaro,* qui m'ont confié lors de l'été 2018 une page « Champs Libres » qui a finalement débouché sur cet ouvrage,

mes proches, qui m'ont soutenue tout au long de l'écriture de ce premier livre.

Sources

Pages 23 et 39 – Propos de Denis Carnet, employeur de Jonathann Daval

https://www.leparisien.fr/faits-divers/gray-la-ville-qui-ne-fait-pas-le-deuil-d-alexia-27-11-2017-7417284.php

https://www.bfmtv.com/police-justice/le-gros-choc-de-l-employeur-de-jonathann-daval-en-apprenant-ses-aveux_AV-201801310067.html

Page 25 – Propos de Stéphanie Gay dans l'émission *Ça commence aujourd'hui*, 8 juin 2020

https://www.youtube.com/watch?v=pYJUsh2uCyc

Page 29 – Conférence de presse des proches d'Alexia le 2 novembre 2017

https://www.bfmtv.com/replay-emissions/bfm-story/alexia-daval-les-parents-s-expriment_VN-201711020133.html

Page 33 – Discours des proches d'Alexia lors de la marche blanche

https://www.lci.fr/faits-divers/video-alexia-joggeuse-assassinee-elle-etait-la-force-qui-me-poussait-a-me-surpasser-les-proches-d-alexia-daval-rendent-un-hommage-emouvant-et-digne-a-la-jeune-femme-2069449.html

Page 34 – Faire-part de décès dans *L'Est Républicain, Le Républicain Lorrain, Le Progrès, Vosges Matin* et *Le Journal de Saône-et-Loire*

Page 36 – Réaction de Me Florand après les premiers aveux de Jonathann Daval

https://www.lefigaro.fr/actualite-france/2018/07/13/01016-20180713ARTFIG00280-alexia-daval-le-meurtre-qui-bouleverse-la-haute-saone.php

Page 46 – Article du *Parisien* dans lequel les Gay annoncent changer d'avocat

https://www.leparisien.fr/faits-divers/affaire-daval-j-aimerais-avoir-jonathann-en-face-de-moi-confie-gregory-gay-23-08-2018-7861557.php

Page 47 – Lettre d'Isabelle Fouillot pour le premier anniversaire de la mort d'Alexia, *La Presse de Gray*

https://www.lapressedegray.com/

Page 47 – Révélation de l'existence d'un faux emploi du temps de Jonathann Daval

https://www.lci.fr/justice/sept-a-huit-meurtre-d-alexia-daval-un-fichier-troublant-retrouve-dans-l-ordinateur-de-jonathann-2105593.html

Page 49 – La mère de Jonathann Daval nie toute complicité

https://www.bfmtv.com/police-justice/la-mere-de-jonathann-daval-nie-toute-complicite-je-n-y-suis-pour-rien_AV-201811280054.html

Page 50 – Déclaration du procureur Étienne Manteaux après une visite au domicile des Daval

https://www.lefigaro.fr/flash-actu/2019/03/08/97001-20190308FILWWW00060-jonathann-daval-conduit-au-domicile-du-couple-pour-des-constatations.php (dépêche AFP reprise notamment sur lefigaro.fr)

Pages 54 et 92 – Propos de Denis Carnet, employeur de Jonathann Daval

https://www.leparisien.fr/faits-divers/gray-la-ville-qui-ne-fait-pas-le-deuil-d-alexia-27-11-2017-7417284.php

https://www.bfmtv.com/police-justice/le-gros-choc-de-l-employeur-de-jonathann-daval-en-apprenant-ses-aveux_

Page 60 – Propos de Stéphanie Gay dans l'émission *Ça commence aujourd'hui*, 8 juin 2020

https://www.youtube.com/watch?v=pYJUsh2uCyc

Pages 68 et 69 – Conférence de presse des proches d'Alexia le 2 novembre 2017

https://www.bfmtv.com/replay-emissions/bfm-story/alexia-daval-les-parents-s-expriment_VN-201711020133.html

Pages 76 à 78 – Discours des proches d'Alexia lors de la marche blanche

https://www.lci.fr/faits-divers/video-alexia-joggeuse-assassinee-elle-etait-la-force-qui-me-poussait-a-me-surpasser-les-proches-d-alexia-daval-rendent-un-hommage-emouvant-et-digne-a-la-jeune-femme-2069449.html

Page 79 – Faire-part de décès dans *L'Est Républicain*, *Le Républicain Lorrain*, *Le Progrès*, *Vosges Matin* et *Le Journal de Saône-et-Loire*

Page 92 – Réaction de Me Florand après les premiers aveux de Jonathann Daval

https://www.lefigaro.fr/actualite-france/2018/07/13/01016-20180713ARTFIG00280-alexia-daval-le-meurtre-qui-bouleverse-la-haute-saone.php

Page 108 – Article du *Parisien* dans lequel les Gay annoncent changer d'avocat

https://www.leparisien.fr/faits-divers/affaire-daval-j-aimerais-avoir-jonathann-en-face-de-moi-confie-gregory-gay-23-08-2018-7861557.php

Pages 110 et 111 – Lettre d'Isabelle Fouillot pour le premier anniversaire de la mort d'Alexia dans La Presse de Gray

https://www.lapressedegray.com/

Page 111 – Révélation de l'existence d'un faux emploi du temps de Jonathann Daval

https://www.lci.fr/justice/sept-a-huit-meurtre-d-alexia-daval-un-fichier-troublant-retrouve-dans-l-ordinateur-de-jonathann-2105593.html

Page 113 – La mère de Jonathann Daval nie toute complicité

https://www.bfmtv.com/police-justice/la-mere-de-jonathann-daval-nie-toute-complicite-je-n-y-suis-pour-rien_AV-201811280054.html

Pages 120 à 122 – Réaction de la mère de Jonathann Daval après la confrontation

https://www.estrepublicain.fr/edition-de-besancon/2018/12/08/interview-de-martine-henry-mere-de-jonathann-daval-je-l-ai-cru-mais-je-faisais-en-fonction-de-mon-coeur-de-maman

https://www.lci.fr/police/sept-a-huit-temoignage-exclusif-de-la-mere-de-jonathann-daval-sur-les-aveux-de-son-fils-je-suis-desolee-je-n-ai-pas-reussi-a-voir-qu-il-mentait-2106958.html

Page 123 – Déclaration du procureur Étienne Manteaux après une visite au domicile des Daval

https://www.lefigaro.fr/flash-actu/2019/03/08/97001-20190308FILWWW00060-jonathann-daval-conduit-au-domicile-du-couple-pour-des-constatations.php

Page 125 – Réaction de Me Portejoie après la confrontation http://www.lefigaro.fr/actualite-france/2018/12/07/01016-20181207ARTFIG00007-affaire-daval-jonathann-confronte-a-la-famille-d-alexia.php

Pages 129 et 135 – Déclarations du procureur Étienne Manteaux après la reconstitution (retransmises notamment par France 3 Bourgogne-Franche-Comté)

https://www.youtube.com/watch?v=DbicIas3WZs

Page 140 – Réaction de Me Florand après le changement d'avocat des Fouillot https://www.francebleu.fr/infos/faits-divers-justice/affaire-daval-me-florand-se-dit-soulage-de-ne-plus-etre-l-avocat-des-parents-d-alexia-1576441828

Pages 155 et 156 – Joggeuses tuées

https://www.lefigaro.fr/flash-actu/2017/11/01/97001-2017110

Table

IMPRIM'VERT®

Achevé d'imprimer par CPI,
en décembre 2020
N° d'imprimeur : 161580

Dépôt légal : décembre 2020

Imprimé en France